NOTICE

SUR LE

MARÉCHAL DE VILLARS

PAR

M. SAINTE-BEUVE

Membre de l'Institut

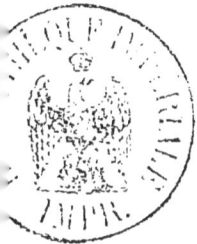

PARIS

LIBRAIRIE MILITAIRE, MARITIME ET POLYTECHNIQUE

De J. CORREARD

Libraire-éditeur et libraire-commissionnaire
RUE SAINT-ANDRÉ-DES-ARTS, 58

1857

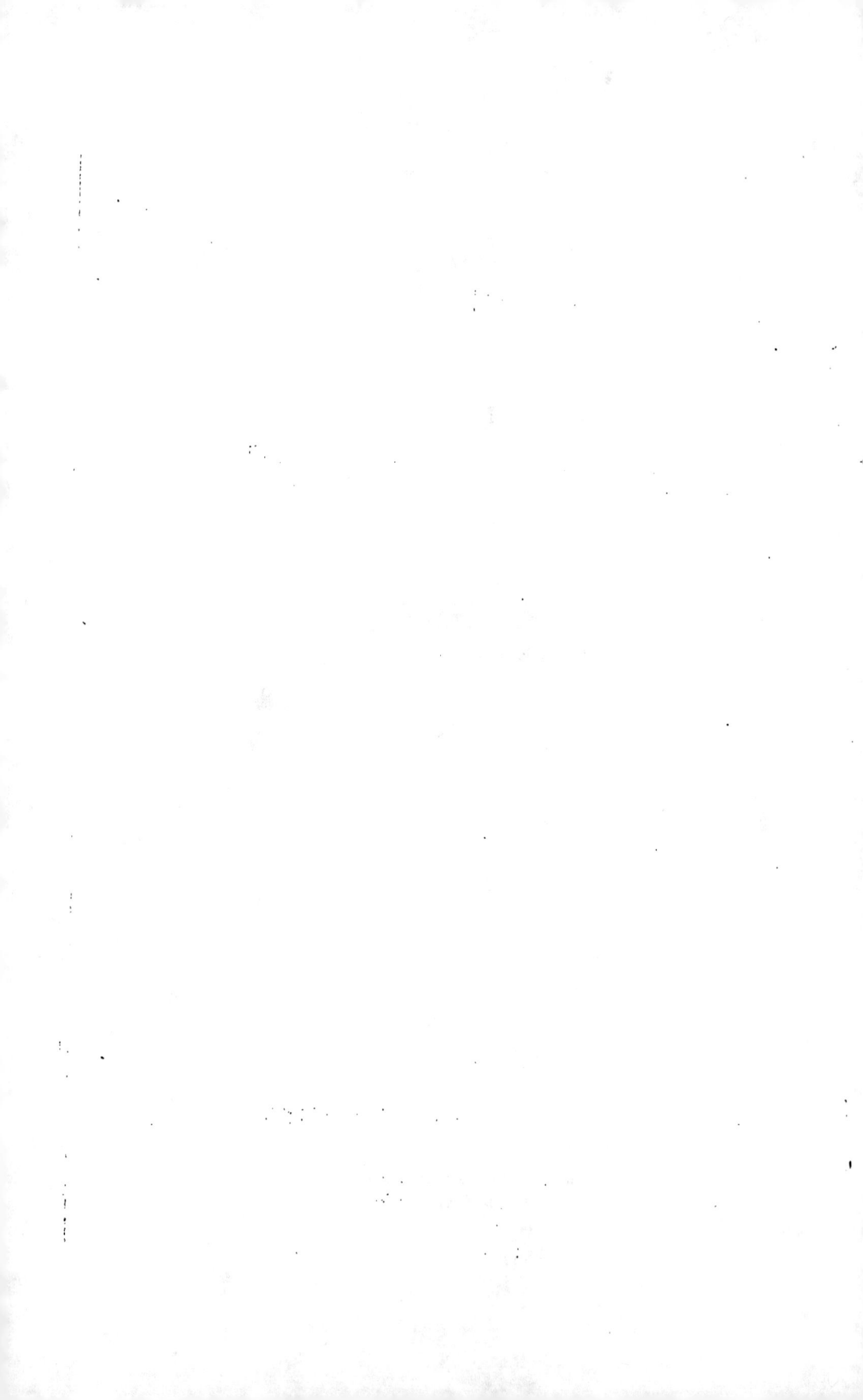

NOTICE

SUR LE

MARÉCHAL DE VILLARS

TABLE DES MATIÈRES.

Paris. — Typographie de Gaittet et Cie. rue Git-le-Cœur. 7.

NOTICE

SUR LE

MARÉCHAL DE VILLARS

On déprécie trop Villars depuis quelque temps. Le
portrait saillant, ineffaçable, qu'a tracé de lui
Saint-Simon en sa fureur de peintre, reste dans les
yeux et empêche qu'on ne soit tenté de regarder le
personnage en lui-même et d'une vue plus reposée.
Il faut un intervalle pour s'en remettre et pour qu'il
soit possible de se figurer l'original sous d'autres
couleurs. Les principaux traits accusés par Saint-
Simon sont bien en Villars ; mais il les a présentés
sous un jour si contraire, si particulier, à la clarté
de sa lampe de nuit et avec de telles rougeurs dans
l'ombre, qu'on n'a devant soi qu'un monstre de vanité, de forfanterie et de fortune, une caricature.

1

Changez la lumière, faites que le rayon tombe où il faut, que l'ombre se retire et se dégrade, en un mot regardez Villars au soleil, le même homme va paraître tout différent. Le charmant portrait que Voltaire a tracé du héros de Denain dans *le Siècle de Louis XIV* est bien plus celui qui nous semble juste, sauf l'indispensable teinte de flatterie, laquelle encore est si transparente qu'elle laisse bien apercevoir les défauts. Mais cette esquisse de Voltaire, dans sa simplicité élégante et naturelle, ne suffit point aujourd'hui pour réfuter et repousser le magnifique portrait *en laid* où Saint-Simon a versé toutes ses ardeurs et son amertume : placée à côté, elle en est éteinte et absorbée. Il faut donc faire là comme en tant d'autres points de l'histoire : étudier, creuser, recourir aux sources, se former une opinion directe ; après quoi l'on se trouvera revenu, par bien des détours et avec des motifs plus approfondis, à ce que les contemporains judicieux et vifs avaient exprimé d'une manière plus légère.

Ç'a été pour moi une satisfaction imprévue que de lire ce qu'on appelle les *Mémoires de Villars*. J'en dois l'idée à l'un de mes confrères à l'Académie, au noble général historien M. de Ségur, qui lui-même en avait été très-frappé dans une lecture récente. J'avais contre l'ouvrage une vague prévention qui, ce me semble, est assez généralement répandue. Ces Mémoires, quoique la première partie, assure-t-on, jusqu'à la fin de l'année 1700, soit du maréchal même, ne peuvent être considérés en effet que comme rédigés après coup sur ses lettres, bulletins et dépêches ; mais Anquetil, qui a été l'arrangeur, et qu'on doit suivre à partir de 1700, a très-bien fait ce travail, qui gagne en avançant plutôt qu'il ne perd, et qui est d'un intérêt continu. Villars, par ses lettres et par ses propos, y est toujours en scène ; c'est bien lui seul, et pas un autre, qu'on entend parler. Il n'y dit jamais de mal de lui, mais dans le bien qu'il en raconte, dans ses récits les plus avantageux, il y a tant d'esprit, de gaieté, de bons mots joints à l'action, de belle et vaillante humeur française, il est si bien un héros de notre nation, que ses défauts cessent d'y déplaire. De grandes et incontestables qualités de guerrier y apparaissent, même à ceux qui sont le moins du métier. Villars n'est pas seulement brave et brillant, il a les instincts de la grande stratégie, de celle dont notre siècle a vu les développements et les merveilles : en deux ou trois occasions, s'il avait été maître de ses mouvements, il frappait au cœur de l'Allemagne de ces coups agressifs auxquels on n'était pas accoutumé alors ; il se lançait, par exemple, jusqu'aux portes de Vienne, et très-probablement il y entrait. Le bonheur presque constant qui l'accompagna ne saurait se séparer du mérite réel et des *parties de capitaine* que Saint-Simon lui-même est bien forcé de lui reconnaître. C'était une nature de guerrier, tout en dehors, tout d'une venue, donnant sa mesure de pied en cap et se des-

sinant de toute sa hauteur; capable d'ailleurs de
plus d'un emploi, et de négociations comme de batailles; toujours actif, toujours insatiable, audacieux
et fin, aimant les richesses, le faste, avide de grandeur, adorant la gloire ; ne songeant qu'à avancer,
et en toute chose à tenir la tête. Involontairement,
on se demande, en lisant sa vie et en le voyant contenu autant qu'appuyé par Mme de Maintenon et par
Louis XIV, ce qu'il serait devenu à une époque où la
carrière était ouverte plus largement, et où il n'y
avait pas de limites aux espérances : où se serait-il
arrêté? où n'aurait-il point visé? et l'on se dit : Quel
général de la Révolution aux années du Directoire, ou
mieux encore quel maréchal d'Empire c'eût été que
Villars, et de ceux qui aspiraient de tout leur cœur
à être rois !

Le maréchal de Villars fut même académicien. Il
y eut depuis, sur la liste des Quarante, plus d'un
personnage revêtu de cette éminente dignité militaire,
les maréchaux de Richelieu, d'Estrées, de Belle-Isle,
de Beauvau ; mais il fut le premier maréchal de France
qui, en possession du bâton, eut cette idée gracieuse
sous Louis XIV de vouloir être de l'Académie. Il y fut
reçu le 23 juin 1714, quelques mois après avoir signé
la paix de Rastadt et au comble de sa gloire. M. de La
Chapelle (l'auteur des *Amours de Catulle*), qui était
chargé de lui répondre, lui dit : « Il manque quelque
chose à votre gloire et à celle de l'Académie : la fortune devait mettre en ma place Cicéron pour répon-

dre à César. » — « Nous avons vu des lettres de vous,
disait-il encore, que les Sarazin et les Voiture n'eussent pas désavouées. » Je n'ai pas vu de ces lettres;
mais les dépêches de Villars et les pièces dont les
extraits forment le tissu de ses Mémoires, justifient pour
nous suffisamment cette ambition qu'il eut de vouloir
joindre à tant de palmes les titres de l'esprit (1).

I. *Parents de Villars. — Son éducation; ses débuts.
— Apprentissage de guerre. — Il se distingue sous
Turenne, Condé et Créqui. — Volontaire à l'armée de
Hongrie. — Envoyé du roi en Bavière. — Sert sous
Luxembourg. — Souffre des guerres inactives.*

Louis-Hector de Villars, né en mai 1653, non pas
comme on l'a dit, à Turin où son père aurait été
alors ambassadeur, mais certainement (on a depuis
peu retrouvé l'acte de baptême) à Moulins en
Bourbonnais, était fils de Pierre de Villars et de
Marie de Bellefonds. Son père qui avait poussé assez loin sa fortune, jusqu'à être lieutenant général et
ambassadeur, avait eu à souffrir des revirements po-
litiques du temps et des suites de la Fronde. Agréé

(1) On apprendra avec plaisir qu'une nouvelle édition des *Mémoires de Villars* est en préparation et doit être assez prochai-
nement donnée par un homme de mérite, M. Dussieux, professeur
d'histoire à Saint-Cyr et l'un des éditeurs du *Journal de Dangeau;* elle fera partie de la bibliothèque elzevirienne de Jannet.

toutefois de Louis XIV au début de ses conquêtes de
Flandre pour son expérience et sa bonne mine, et
devenu l'un de ses aides de camp, il se reprenait aux
grandes espérances, lorsque l'inimitié de Louvois,
qui haïssait en lui l'allié du maréchal de Bellefonds, l'arrêta de nouveau, du moins dans son avan-
cement militaire ; car le marquis de Villars eut depuis de grandes missions et des ambassades. Cette
mauvaise fortune des parents du maréchal n'était
donc que relative et en aurait paru une très-suffi-
sante à d'autres moins ambitieux. Les entendant un
jour s'en plaindre, Villars encore enfant s'écria :
« Pour moi, j'en ferai une grande. » Et comme ses
parents lui demandaient sur quoi il se fondait pour
parler de la sorte, il répondit : « C'est déjà un
avantage pour moi que d'être sorti de vous; et d'ailleurs, je suis résolu à chercher tellement les occasions, qu'assurément je périrai, ou je parviendrai. »
Son mot d'ordre, sa devise en entrant dans la vie
aurait pu être : « En avant, et toujours plus haut ! »

La mère de Villars était une personne de beau--
coup d'esprit, de raillerie et de finesse. On a d'elle
de très-agréables lettres à Mme de Coulanges pendant
l'ambassade de son mari en Espagne. Elle y alla au
moment où Charles II épousa la fille de Monsieur, la
nièce de Louis XIV (1679). Les mœurs espagnoles,
les usages de Madrid et de la Cour, les bizarreries et
les monotonies de cette vie si nouvelle pour une
Française et une amie des La Fayette et des Sévigné,

y sont touchées avec une discrète ironie. Tout cela
est dit à Mme de Coulanges pour qu'elle y donne l'air
qu'elle savait mettre aux choses en les racontant ;
mais la marquise fait à l'avance ce qu'elle recom-
mande si bien à Mme de Coulanges. On voit que si le
maréchal de Villars eut de l'esprit, il avait de qui
tenir.

De même s'il avait un peu de romanesque dans
l'humeur, il le devait sans doute à son père, à qui sa
belle mine et ses airs de héros de roman avaient valu
dans la société le surnom d'*Orondate*. Cet Orondate
ou Oroondate est le principal héros du roman de
Cassandre, de La Calprenède. Prince de Scythie, in-
comparablement beau et valeureux, fidèle à sa prin-
cesse Statira et rival auprès d'elle ou même successeur d'Alexandre, il offre l'image d'un vrai chevalier
et l'idéal d'un parfait galant. Le père de Villars dans
sa jeunesse, par sa tournure ou ses sentiments, donnait à ses enjouées contemporaines l'idée de cet in-
téressant personnage, et le nom lui en était resté.
On saura de plus que le fils du maréchal, le duc de
Villars du 18e siècle, et qui succéda à son père dans
le fauteuil académique, possédait au plus haut degré le talent de la déclamation dramatique et était
un excellent tragédien de société. Il semble qu'une
veine légèrement romanesque et théâtrale circulât
dans la famille. On sera donc peu étonné que le maréchal sût lui-même par cœur quantité de vers de
Racine, de Corneille, et jusqu'à des vers d'opéra, et

qu'il les citât à tout propos. Un jour qu'un homme
d'Etat, un homme politique comme nous dirions,
s'étonnait un peu malignement qu'un guerrier sût
tant de vers de comédie : « J'en ai joué moins que
vous, répliqua-t-il gaîment, mais j'en sais davantage. »
Supposez que le mot est dit au cardinal Dubois ou à
quelqu'un de tel, il devient très-joli et des plus piquants. Le maréchal de Villars aima toute sa vie et
jusqu'à son extrême vieillesse la comédie, le théâtre
et ce qui s'ensuit.

Il avait coutume de dire que les deux plus grands
plaisirs qu'il eût jamais eus, ç'avait été de remporter
un prix en rhétorique et de gagner une bataille ; ce
qui ferait supposer qu'il avait fait de bonnes et même
de brillantes études. Le maréchal de Villars n'était pas
fâché par là de le donner à entendre : il n'était pas
seulement ambitieux en avant, il l'était aussi dans
son passé.

Villars débuta auprès de Louis XIV par être un
des pages de la grande écurie : « avec une figure
avantageuse, une physionomie noble, et de la vivacité
qui relevait encore un extérieur prévenant par lui-
même, il se fit bientôt connaître et distinguer du roi
parmi ses camarades. » A un moment il aurait pu
suivre à l'armée son cousin germain le maréchal de Bellefonds ; mais, pressentant la disgrâce de ce général et
guidé par son étoile, il se détermina « à se tenir le plus
près du roi qu'il lui serait possible. » S'attacher au
roi, lui persuader qu'il ne dépendait et ne voulait

dépendre que de lui, ce fut toute sa politique au dedans. Elle lui vaudra un jour, quand il parviendra aux grands emplois, bien des ennemis et des envieux, à une époque où l'opposition frondeuse et dénigrante se sera glissée partout, même sur les terrasses de Marly.

En 1672, le jeune Villars accompagna le roi dans sa conquête de la Hollande, fut des premiers dans une pointe qui se fit jusque dans les barrières de Maëstricht, des premiers à la tranchée devant Doësbourg, se trouva au passage du Rhin, et se jeta, toujours des premiers, dans le fleuve. Il était avide d'occasions, et quand elles ne s'offraient pas d'elles-mêmes, il courait les chercher ailleurs jusqu'à les faire naître sous ses pas. Il avait pour principe qu'à la guerre un homme qui ne fait que son devoir n'en fait pas assez : « il y a tel officier qui, à la rigueur, a fait son devoir, et qui en plusieurs années de service ne s'est pas trouvé à une seule action. » Pour lui qui brûlait de parvenir, il briguait les périls et s'y prodiguait. Il avait ce qu'on a tant conseillé de ne pas avoir en diplomatie, — le zèle.

En même temps qu'il faisait bien et plus que bien, il n'hésitait pas à en solliciter le prix. Personne n'a été moins honteux à demander des grâces et des grades ; il savait les pouvoir payer ensuite, et qu'il les mériterait hautement après les avoir reçus.

Le roi s'accoutuma à l'agréer, à se servir de lui à plus d'une fin ; il l'envoya à Madrid après la campagne de 1672, pour complimenter le roi d'Espagne qui relevait de la petite vérole. Le père de Villars y était, dès ce temps-là, ambassadeur.

Villars raccourut vite, de peur de perdre un seul jour, et fut à l'ouverture de la campagne suivante. On entreprit le siége de Maëstricht. Le roi défendit aux volontaires d'aller aux attaques sans sa permission. Villars, qui avait la charge de cornette des chevau-légers de Bourgogne, et qui n'avait rien à faire là comme cavalier, se jeta dans la tranchée sans en rien dire, une nuit où il prévoyait qu'il y ferait chaud ; avec quelques gendarmes de son corps mêlés aux grenadiers, il marcha des premiers à l'attaque d'une demi-lune, s'y logea, et y tint aussi longtemps qu'il put jusqu'au jour. Le roi, qui s'était informé plusieurs fois de ce qui se passait de si opiniâtre dans cette demi-lune, fit appeler Villars au retour : « Mais ne savez-vous pas que j'ai défendu, même aux volontaires, d'aller aux attaques sans ma permission ? à plus forte raison à des officiers, qui ne doivent pas quitter leurs troupes, et moins encore des troupes de cavalerie. » — « J'ai cru, lui répondit Villars, que Votre Majesté me pardonnerait de vouloir apprendre le métier de l'infanterie, surtout quand la cavalerie n'a rien à faire. » C'est encore à ce siége, et pour une autre action de Villars, que le roi dit de lui : « Il semble, dès que l'on tire en quelque endroit, que ce petit garçon sorte de terre pour s'y trouver. »

Le maréchal de Bellefonds, ne pouvant aider son

jeune parent que de ses conseils, lui donna du moins
celui-ci, dont Villars profita : c'était d'apprendre le métier de partisan, et d'aller souvent faire des *partis* avec
ceux qui passaient pour entendre le mieux ce genre
d'entreprise ; car, faute d'avoir ainsi pratiqué le détail de la guerre, et de cette guerre légère de har-
cellement et d'escarmouches, bien des officiers généraux, quoique braves, se trouvent ensuite fort em-
barrassés quand ils commandent des corps détachés
dans le voisinage d'une armée ennemie. Ce que Villars n'avait fait jusque-là que par instinct et pour
trouver des occasions, il le fit dès lors avec le désir
de s'instruire :

« Il passait souvent trois et quatre jours de suite dans
les partis avec les plus estimés dans cet art : c'était alors
les deux frères de Saint-Clars, dont l'un qui était brigadier
fut une fois six jours hors de l'armée, toujours à la portée
du canon de celle des ennemis, poussant leurs gardes à tout
moment à la faveur d'un grand bois dans lequel il se retirait, faisant des prisonniers, et donnant à toute heure au vi-
comte de Turenne des nouvelles des mouvements des ennemis. Et certainement rien n'est plus propre à former un véritable homme de guerre qu'un métier qui apprend à attaquer hardiment, à se retirer avec ordre et avec sagesse, et
enfin qui accoutume à voir souvent l'ennemi de fort près. »

Ceci se rapporte au moment où Villars achevait
cette campagne de 1673, en Franconie, sous Turenne.

A travers tout ce brillant de jeune homme et cette
ardeur de s'avancer qui pouvait sembler un peu
aveugle et téméraire, il y eut donc de la suite, de

l'étude, de l'observation, ce qui se trouve toujours au fond de ces grands bonheurs que, de loin, on se plaît à attribuer au seul hasard. Le bonheur, ce n'est le plus souvent que le bon sens hardi et adroit.

Villars, tandis qu'il sert dans la cavalerie, apprend le métier d'éclaireur ; aux siéges où il est, il fait le métier de fantassin. Il veut savoir mener et manier des troupes sous toutes les formes et dans le plus fréquent usage. C'est ainsi qu'ensuite on connaît à fond le soldat, et que rien n'étonne devant l'ennemi (1).

L'année suivante, Villars continua de servir encore quelque temps en Allemagne sous Turenne qui l'apprécia, et qui dit qu'il le fallait faire colonel le plus tôt possible ; puis il passa en Flandres, sous Condé, de qui il eut pareillement l'honneur d'être distingué. Le matin de la journée de Senef, à un mouvement que faisaient les ennemis, la plupart des officiers généraux qui étaient autour du prince crurent qu'ils fuyaient. « Ils ne fuient pas, dit Villars, ils changent seulement leur ordre. » — « Et à quoi le connaissez-vous ? » lui dit le prince de Condé en se retournant vers lui. — « C'est, reprit Villars, à ce que, dans le même temps que plusieurs escadrons paraissent se retirer, plusieurs autres s'avancent dans les intervalles, et appuient leur droite au ruisseau dont ils voient que vous prenez la tête, afin que vous les trouviez en bataille. » Le prince de Condé lui dit :

(1) Il existe aux Manuscrits de la Bibliothèque impériale un Traité de la guerre par Villars.

« Jeune homme, qui vous en a tant appris? » Et re-
gardant ceux qui étaient auprès de lui : « Ce jeune
homme-là voit clair, » leur dit-il.

Après quelques ordres donnés, le prince se mit à
la tête des premiers escadrons et tira son épée. Le
jeune Villars, qui se tenait le plus près possible, ne
put s'empêcher de s'écrier, de manière à être entendu de lui : « Voilà la chose du monde que j'avais
le plus désiré de voir, le grand Condé l'épée à la
main! » Condé parut content du mot.

Belle parole et noble désir en effet! Qu'il y ait
dans tout ceci, et dans la manière dont Villars le raconte, un peu d'appareil, de mise en scène et d'air
de gloire, qui en doute? Villars a le panache comme
naturel. Il ne prétend jamais assurément se faire
tort ni se faire oublier. Mais il y a aussi le fond du
sentiment et le feu sacré. Un soldat n'est pas tenu
d'être abstrait et rentré comme un philosophe.

Voir le grand Condé un jour de bataille l'épée à
la main, qui de nous (chacun dans son art) n'a point
formé tout haut ou tout bas un pareil vœu? Pour
le poëte de théâtre, quel rêve que celui qui lui dé-
couvrirait le grand Corneille à l'œuvre, travaillant à
une scène de *Polyeucte* ou d'*Horace!* Pour le poëte
tendre, quel songe plus doux que de rencontrer à
la lisière d'un bois La Fontaine égaré, au moment où
il a trouvé de beaux vers? Quiconque a dit : *Et moi
aussi je suis peintre*, que ne donnerait-il pas pour
qu'il lui fût permis de contempler un instant ou Mi-

chel-Ange ou Raphaël le pinceau à la main, et tout
entier suspendu à sa toile ou à sa paroi sublime? Le
géomètre, qui a le génie des hautes sphères et l'i-
magination froidement sereine dans l'étendue, n'a
pas été lui-même sans se représenter quelquefois
Newton ou Lagrange dans la méditation d'un pro-
blème. De tous ces vœux, le plus en dehors et le
plus flamboyant est celui de Villars, mais il l'a exprimé ce jour-là comme un héros de Corneille. Il s'est
senti à la fête, et il a eu le mot du moment, qui
résume toute la poésie de son art.

Il dut à sa conduite à Senef, où il ne cessa de
combattre, bien que blessé au commencement de
l'action, d'être nommé colonel de cavalerie; il avait
vingt-trois ans.

L'année suivante (1675), il continua de servir en
Flandre sous Condé encore, puis sous Luxembourg,
l'un de ses maîtres pour le brillant et le hardi comme
pour le bonheur. A défaut d'affaire générale et de
bataille, il y eut des escarmouches, des partis, et
Villars, pratiquant plus que jamais le conseil de son
cousin, fit de ces expéditions et de ces aventures, qui
tournèrent bien. Il se plaît à les raconter avec détail,
et dans ces endroits de ses Mémoires il nous rappelle
le vieux Montluc, grand amateur et narrateur aussi
d'escarmouches et d'actions particulières.

Le maréchal de Schomberg, chargé de secourir
Maëstricht en 1676, eut à contenir l'ardeur de Villars qui avait bien envie, à un certain moment, qu'on

attaquât l'armée du prince d'Orange en train de se retirer, et qu'on engageât une affaire en tombant au moins sur l'arrière-garde. Il alla au maréchal de Schomberg et lui représenta qu'il croyait l'instant favorable. Le maréchal reçut l'avis assez vertement; mais peu après, rappelant Villars, il lui dit avec amitié : « Quand une place comme Maëstricht est secourue sans bataille, le général doit être content, et, pour satisfaire un jeune colonel avide d'actions, il faut lui donner un parti de cinq cents chevaux. Faites-les commander, prenez les officiers que vous voudrez; et, en suivant l'armée ennemie pendant trois ou quatre jours, vous verrez ce qu'elle deviendra, et ce que vous pourrez faire sans vous commettre. »

Le lendemain soir, au retour, Villars ramenant bon nombre de prisonniers qu'il avait enlevés, le maréchal lui dit : « Nous aurions été brouillés ensemble, si je ne vous avais pas donné un détachement pour suivre vos amis, que vous ne sauriez perdre de vue. »

En 1677, à la bataille de Mont-Cassel près Saint-Omer, commandant une réserve de cinq escadrons, Villars conseilla sur la droite des ennemis une charge qui, faite à temps, eût rendu la victoire décisive; mais un ordre précis, apporté par l'aide de camp Chamlay, homme de confiance de la Cour, le força de s'abstenir et de se diriger ailleurs. Peu après, le maréchal de Luxembourg, ayant emporté l'abbaye de Piennes et gagné le champ de bataille, mais voyant la droite des ennemis se retirer sans perte, ne put s'empêcher de dire à Villars : « Je voudrais que le cheval de Chamlay eût eu les jambes cassées quand il vous apportait ce maudit ordre. » Villars ne raconte sans doute dans ses Mémoires que ce qui peut lui faire honneur, et il ne serait pas plus juste de le suivre en tout aveuglément que de s'en remettre à Saint-Simon contre lui ; mais dans tout ceci il n'est rien qui ne réponde à la suite de sa carrière et que ne confirment ses futurs succès. Qui pourrait en douter ? tout d'abord il eut le coup d'œil.

Il croyait en son bonheur, et il tenait à ce qu'on y crût. Servant, cette même année, en Alsace sous le maréchal de Créqui, il désira passer d'une brigade dans une autre, n'étant pas en bons termes avec le brigadier. Le maréchal, bien qu'il eût de l'amitié pour Villars et qu'un jour, qu'il le voyait en habit brodé d'or s'exposant sur une brèche, il s'échappât jusqu'à lui dire : « Jeune homme, si Dieu te laisse vivre, tu auras ma place plutôt que personne, » ne fit point dans le cas présent ce qu'il désirait : « Et cela fut heureux pour le marquis de Villars, ajoutent les Mémoires ; car d'être demeuré dans cette brigade lui valut d'avoir la meilleure part à quatre actions considérables qui se passèrent dans le reste de cette campagne. »

Ce petit désagrément, qui tourna si bien, servit dans la suite à le persuader tout à fait de sa bonne chance et le guérit pour toujours de demander ni

même, à ce qu'il assure, de désirer d'être plutôt dans
un corps que dans un autre. Il se dit qu'il avait sa
fatalité et qu'elle était bonne ; il s'abandonna à la
fortune et à son bon génie. Plus tard, quand il com-
manda en chef, dans les marches qu'il entreprenait
on avait remarqué qu'en général il faisait beau temps,
et les soldats, quand ils voyaient le soleil dès le matin, appelaient cela un *temps de Villars.*

Les hommes ont bien des manières de se vanter et
de s'en faire accroire à eux-mêmes. Tantôt ils se
flattent de ne rien devoir qu'à leur mérite, à leur
vertu, sans rien laisser au hasard ; tantôt ils sont plus
fiers de paraître tout devoir au hasard qu'à leurs
qualités propres : c'est qu'il semble alors qu'un génie suprême, l'âme même des astres et de l'univers,
s'occupe d'eux, — change et incline l'ordre général
pour eux.

Je passe sur ces quatre occasions considérables que
rencontra Villars en cette campagne. Il se complaît
à ces prémices de sa fortune. La sienne lui paraissait
cependant trop lente à son gré. Il aspirait au grade
de brigadier, et voyait de ses cadets l'obtenir sans
qu'on le lui accordât. Il avait le roi pour lui, mais
Louvois était contre ; et de plus, en cette saison,
Villars était amoureux, violemment amoureux (il ne
nous dit pas l'objet de cette belle passion), ce qui,
sans nuire à son service, nuisait peut-être à son assi-
duité en cour pendant les hivers. J'ai peine à croire
pourtant que le roi ne le trouvât point à ses levers

2

aussi souvent qu'il le fallait; il était de ceux qui se
multiplient. Il pressa par trois fois Louis XIV sur ce
grade de brigadier :

> « Sa Majesté y répondit deux fois avec bonté, et même
> avec des éloges de ses actions; mais à la troisième ce fut
> avec quelque aigreur, et le marquis de Villars se retira.
> Réduit à la nécessité de se faire un mérite qui forçât la for-
> tune en sa faveur, et d'être pour ainsi dire lui-même sa créa-
> ture, son cœur lui suggéra le seul parti que la raison elle-
> même lui laissait à prendre, de servir et de surmonter les
> obstacles, ou de périr. »

On ne peut nier qu'il n'ait, en effet, conquis par
ses seules actions et ses services continuels l'avance-
ment dont il fit un si heureux et glorieux usage. Cet
homme, qui à vingt et un ans était colonel et si en
vue auprès des chefs, ne devint maréchal de France
qu'à près de cinquante.

La paix de Nimègue fut pour beaucoup dans ce
retard. L'inaction n'était pas son fait. La guerre
entre l'empereur et le Turc, comme on disait, ayant
recommencé, Villars eut l'idée d'y aller tenter
prouesse. Ayant obtenu la commission de porter à
l'empereur un compliment de condoléance sur la
mort de l'impératrice sa mère, il se rendit à Vienne,
y fut reçu agréablement, se mit au fait des intrigues
de cour et de cabinet, se hâta d'en informer le
roi, et travailla dès lors par tous moyens auprès de
l'électeur de Bavière à le détacher de l'empereur,
dont il s'était fait le général, et à le ramener vers la

France, où sa sœur était dauphine. En même temps qu'il ne perdait point de vue les intérêts du roi et qu'il restait Français zélé à Vienne, il se conduisait à l'armée de Hongrie comme un fidèle sujet de l'empereur, et il prit part, en y contribuant de son conseil autant que de son bras, à une grande victoire contre les Turcs. L'empereur lui en fit faire des remercîments publics dans une santé portée en plein festin par un de ses ministres.

Cependant Villars s'attachait de plus en plus à l'électeur de Bavière ; il eut ordre de le suivre à Munich, et put prendre auprès de lui la qualité d'envoyé extraordinaire de la Cour de France : il alarma par ses progrès celle de Vienne, qui envoya, pour le contrecarrer, ses meilleurs hommes d'Etat, de ceux qu'il aura plus tard à combattre comme généraux. Villars joua cette partie diplomatique avec beaucoup d'adresse et de vigueur. Né pour la guerre, on sentit à Versailles qu'il pouvait être utile encore à autre chose. Louvois, de loin, se réconcilia avec lui et lui promit son appui à l'avenir. A l'un de ses retours en France, le roi l'accueillit avec bonté et « lui fit l'honneur de lui dire qu'il l'avait toujours connu pour un très-brave homme, mais qu'il ne l'avait pas cru si grand négociateur. » Mᵐᵉ de Maintenon lui fit aussi un accueil très-obligeant ; le jour même de son arrivée, elle le mena à une comédie que l'on représentait à Saint-Cyr devant le roi, et où il n'y avait que peu d'élus (1687). Enfin Villars fut des Marly.

De retour à Munich, il n'y put toutefois conjurer l'ascendant des ministres de l'Empire; dans la nouvelle ligue qui se nouait, l'électeur dut se déclarer, en attendant mieux, contre la France, et Villars, pour s'en revenir (1688), eut à traverser en toute hâte des pays ennemis, des populations irritées. A la frontière de Suisse, aux portes de Bâle, il tomba par une nuit sombre dans le fossé, et faillit y laisser sa vie. Louis XIV, la première fois qu'il le revit après cet accident, « lui fit l'honneur de lui dire qu'il avait trop bonne opinion de l'étoile du marquis de Villars pour croire qu'il eût pu périr d'une chute dans les fossés de Bâle. »

Dans les années de guerre qui suivirent et qui ne se terminèrent qu'à la paix de Riswick, Villars, d'abord commissaire général de la cavalerie, puis maréchal de camp, puis lieutenant général et gouverneur de Fribourg en Brisgau, continua de se distinguer; mais il souffrait beaucoup de l'inaction où l'on restait trop souvent avec de fortes armées, et se plaignait de ces campagnes trop peu remplies d'événements. Il ne trouva un peu son compte qu'en servant sous Luxembourg, et en prenant grande part au combat de Leuze (1691), dont il disait avoir préparé l'occasion en même temps qu'il aida fort au succès. En lisant cette partie de ses Mémoires, telle qu'il paraît l'avoir rédigée ou dictée lui-même, on est très-sensible à ce ralentissement d'ardeur et de mouvements, qui trahit dans le corps des armées une las-

situde générale et une diminution dans les talents militaires de ceux qui commandaient en chef. Les maréchaux de Lorges, de Choiseul, de Joyeuse, toute
cette monnaie de M. de Turenne, paraissent au-dessous des commandements supérieurs, auxquels le
courage seul et les qualités secondaires ne suffisent
pas. Les grands hommes, les beaux caractères, tels
que Boufflers, Catinat, sont modestes (ce qui n'est
pas un mal), mais d'une grande circonspection, et
semblent quelquefois fléchir ou du moins s'arrêter sous
le poids de la responsabilité. Villars est plein de verve
et d'ardeur, il se dévore ; il conçoit à tout moment
des plans, des possibilités d'entreprise là où d'autres
jugent qu'il n'y a rien à faire. Sous ses airs bouillants
il observe ; il étudie les terrains où il passe. Son
gouvernement de Fribourg lui donne occasion d'aller visiter les entrées des Montagnes Noires : « il
ne les trouva pas d'un accès si difficile que l'on
le publiait, et dès ce temps-là il prit des
connaissances qui lui furent utiles dans la suite. »
Le roi lui demande même des mémoires sur les projets de guerre qu'on peut former : Villars les lui re-
met en audience particulière ; le roi les lit et l'assure
que c'est avec plaisir, et qu'il en comprend les consé-
quences et l'utilité : « mais comme celui qui pensait
n'était pas à portée d'être chargé de l'exécution,
qu'il y avait trois maréchaux de France destinés au
commandement de l'armée d'Allemagne, et que,
d'ailleurs, le ministre de la guerre (c'était alors Bar-

besieux) était ennemi déclaré du marquis de Villars,
ses idées ne furent point suivies. Elles lui furent cependant très-utiles ; elles avaient frappé le roi et le
confirmaient dans le dessein de l'élever, ce qui arriva quelques années après. » Louis XIV, dans son
jugement de maître, le nota donc et le tint en réserve comme l'homme nécessaire et indiqué, pour le
cas où il faudrait à tout prix agir et remonter par
quelque action hardie le moral des Français. Le mérite de Villars et le trait dominant de son tempéra-
ment militaire fut de rester jeune de cœur et entier
de zèle pendant ces ennuis et ces retardements, qui
en eussent usé ou fatigué d'autres, et il se trouva le
plus entreprenant des maréchaux, et à cinquante ans,
c'est tout simple, et à soixante, ce qui est plus rare,
— j'allais dire et à quatre-vingts, — car il garda
jusqu'à l'extrême vieillesse, et quand il prenait Mi-
lan en 1734, la vivacité de son feu et de son
allure.

II. *Ambassade de Vienne. — Campagne du Rhin ; Villars
et Catinat. — Journée de Friedlingen. — Prise de
Kehl. — Villars sur la rive gauche du Rhin ; grondé
par Louis XIV. — Le ressort moral chez Villars.*

Je ne prétends pas dissimuler les taches et les côtés
faibles de Villars, ses vanteries, sa plénitude naturelle de soi, cet air de tout tirer à lui, de tout tour-
ner à son avantage (même ses défaites, on le verra).

Il fallait bien qu'il eût dans son amour-propre, et dans la manière dont il le portait, quelque chose qui choquait et offensait l'amour-propre des autres, pour qu'il ait excité, aux heures de ses succès militaires et de ses plus grands services, un déchaînement d'envie et une irritation telle qu'on en connaît peu d'exemples. « Mon fils, lui avait dit sa spirituelle mère quand il entra dans le monde, parlez toujours de vous au roi, et jamais aux autres. » Villars, a-t-on remarqué, ne suivit que la première moitié du conseil : il parlait constamment de lui devant tous, et se citait en exemple dans les grandes comme dans les petites choses. — Après la paix de Riswick, le roi jugea à propos de l'envoyer à Vienne comme ambassadeur (1699-1701); le poste était important à cause de la question pendante de la succession d'Espagne, qui pouvait à tout moment s'ouvrir; il s'agissait de négocier par précaution un traité de partage avec l'empereur, ce traité dût-il ne pas s'exécuter ensuite. Villars fit partir de Paris, à l'avance, un grand train conforme à son nouvel état de représentant du plus magnifique des rois : trois carrosses à huit chevaux, quatre chariots attelés de même, cinq ou six charrettes chargées de meubles, six pages, quatre gentilshommes, avec grand nombre de domestiques; mais, comme il avait su allier toute cette pompe avec un esprit d'exacte économie, il ne put s'empêcher de s'en vanter tout haut et de le raconter au roi et à tous :

« Il demanda à Sa Majesté (ce sont les Mémoires qui par-
lent) ce qu'elle pensait que pouvait coûter la conduite d'un
tel équipage de Paris à Vienne. Ceux qui étaient auprès du
roi, ou pour faire plaisir au marquis de Villars, ou pour approcher de la vérité, estimaient que cette dépense pouvait
monter à quarante ou cinquante mille livres. « Messieurs, leur
« dit-il, il ne m'en a pas coûté une pistole. » Le roi, surpris
de la réponse, lui en demanda l'explication. « Sire, répondit
« Villars, pour être magnifique, il faut être économe et se
« servir de son esprit. » Le courtisan ne savait à quoi ce pré-
liminaire allait conduire, lorsque Villars ajouta : « Sire, lors-
« que mon équipage est parti, la réforme de votre cavalerie
« se faisait. Votre Majesté sait que l'on donnait les chevaux
« de cavaliers à vingt-cinq livres ; j'en fis acheter cent à
« Verdun, Mouzon, Châlons et autres lieux : ils ne me reve-
« naient, rendus à Paris, qu'à trente et une ou trente-deux
« livres : ils n'y furent que quatre jours, et de Paris à Ulm,
« vingt jours : ainsi, aucun de ces chevaux, avec la nourri-
« ture, ne revenait qu'à soixante livres. On les vendit, l'un
« portant l'autre, à Ulm, cent cinquante livres : par consé-
« quent, le gain sur les chevaux défraya le reste du voyage. »
Le roi loua fort le bon esprit et le bon ordre de Villars... »

Aussi, n'est-ce point d'avoir raconté au roi la
chose qu'on peut blâmer Villars ; il répondait par
là d'avance à plus d'une accusation et montrait que,
sous son faste et son apparente profusion, il savait
calculer juste. Mais ce n'était pas de bon goût à lui
de venir ainsi étaler devant les courtisans, et pour la
satisfaction d'une minute, son art et son secret d'é-
conomie domestique. C'est trop d'écraser les gens de
son luxe, et à la fois de leur prouver qu'on ne se ruine
pas, que bien au contraire on ne dépense rien, et
qu'on profite peut-être au maquignonnage ; c'est en

vérité trop vouloir les mortifier d'un coup, et ils s'en vengent. On fait de ces choses enfin, on ne les dit pas en pleine cour, et on ne les enregistre pas dans ses Mémoires comme un fait notable et singulier. Mais que voulez-vous? il y a des gens qui aiment à se faire valoir en toute démarche et à se broder sur toutes les coutures.

Villars paraît s'être acquitté fort convenablement de sa mission délicate d'ambassadeur auprès d'une Cour naturellement très-mécontente de Louis XIV et très-alarmée de l'ambition qu'il témoignait à l'égard de la succession d'Espagne ; il sut y soutenir avec fierté et hauteur la dignité du roi son maître, amuser et contenir les ministres de Léopold, et suspendre, arrêter à temps la prise de possession provisoire, par les armées impériales, des Etats espagnols en Italie, tandis que le roi d'Espagne vivait encore et dans un moment où il s'y prêtait. Villars croyait avoir rendu par là un service qui ne fut pas assez apprécié. En même temps, comme il prévoyait une guerre générale prochaine, il observait de près le caractère des généraux de l'Empire qu'il connaissait déjà depuis son premier voyage de 1685, et auxquels il comptait bien avoir affaire, surtout le prince Louis de Bade et le prince Eugène ; et il ne se perdait point de vue en les dépeignant. On serait presque tenté de croire que ce qui suit est un petit apologue de son invention qu'il débite à l'usage du ministre :

« Vous ne serez pas fâché, écrivait-il de Vienne à Chamillart, de connaître quelque chose du caractère de messieurs les princes de Bade et de Savoie, et vous en jugerez sur ce que je leur ai ouï dire de celui des autres généraux : — Les uns, disent-ils, parvenus aux dignités à force d'années et de patience, se trouvant un commandement inespéré, et qu'ils doivent plutôt à leur bonne constitution qu'à leur génie ou à leurs actions, sont plus que contents de ne rien faire de mal. — D'autres, plus heureux par des succès qu'ils doivent uniquement à la valeur des troupes, aux fautes de leurs ennemis, enfin à leur seule fortune, ne veulent plus la commettre, quelque avantage qu'on leur fasse voir dans des mouvements qui pourraient détruire un ennemi déjà en désordre, sans les trop engager.—*Mais une troisième espèce d'hommes, assez rare à la vérité, compte de n'avoir rien fait tant qu'il reste quelque chose à faire*, profitant de la terreur qui aveugle presque toujours le vaincu, à tel point que les plus grosses rivières, les meilleurs bastions ne lui paraissent plus un rempart.»

Si Villars rangeait dans cette troisième espèce d'hommes le prince Louis de Bade et le prince Eugène, il entendait bien s'y ranger également, et il se déclarait encore mieux lorsqu'il ajoutait :

« Ceux-là, à la vérité, ne sont pas communs : mais comment ne s'en trouverait-il pas sous le règne du plus grand roi du monde, et dans des armées toujours victorieuses ? Vous avez trop bonne opinion de la nation pour ne pas croire qu'elle puisse produire des gens qui, soutenus uniquement par leur zèle, osent penser noblement... Trop heureux s'ils peuvent être bien connus, et si des ministres éclairés, attentifs, justes, sans humeur et sans passion (*avis à Chamillart !*), les démêlent à travers tous les mauvais offices dont de tels gens sont d'ordinaire accablés ! »

En écrivant ainsi, il pouvait sembler y mettre de la jactance, il ne disait que vrai pourtant à bien des égards ; il était l'un de ces hommes-là.

Il se montrait dès lors très-préoccupé de ses ennemis et de ses envieux, qui, le voyant décidément percer et arriver aux plus grands emplois, redoublaient en cour de railleries et de méchants propos. Comme on s'étonnait à Vienne qu'à la veille du départ, et devant bientôt peut-être se rencontrer tous deux le pistolet au poing dans les batailles, il reçût publiquement du prince Eugène des marques d'estime et de cordialité, Villars dit ce mot souvent répété depuis : « Voulez-vous que je vous dise où sont les vrais ennemis du prince Eugène? Ils sont à Vienne, et les miens sont à Versailles. » C'est ainsi que plus tard, quittant Louis XIV pour aller à l'armée, il dira : « Sire, je vais combattre les ennemis de Votre Majesté, et je la laisse au milieu des miens. »

De retour en France, Villars fut bien reçu du roi, mais se plaignit de ce qu'on ne faisait rien pour lui : au bout de chaque action, il voulait son salaire. D'autres ambassadeurs avaient reçu des grâces qu'il croyait avoir tout autant méritées : « Cependant, à mon retour, dit-il, je trouvai que j'avais battu les buissons, et mes camarades pris les oiseaux. » Aux bonnes et obligeantes paroles de Louis XIV, il répondit avec cette pointe de gaieté et d'humeur gaillarde dont il assaisonnait ses convoitises : « Il faut donc que je porte écrit sur ma poitrine tout ce que Votre Majesté me fait l'honneur de me dire ; car qui pourra penser que je l'aie bien et fidèlement servie, lorsqu'elle ne fait rien pour moi ? » — « Soyez tranquille, répondit affectueusement le monarque ; vous apercevrez aux premières occasions à quel point je suis content de vous. »

La guerre recommençait, et Villars allait retrouver son véritable élément. Il fut employé la première année (1701) en Italie ; mais bientôt ce fut sur le Rhin qu'on l'envoya, à l'armée d'Allemagne, où Catinat commandait comme général. Villars s'était marié dans l'intervalle, pendant l'hiver de 1701-1702, avec Mlle Rocque de Varangeville. Ce mariage compte dans sa vie, même militaire et publique, parce qu'on prétendit qu'il était amoureux et jaloux au point de déranger quelquefois ses opérations de guerre en vue de sa passion et dans ses inquiétudes d'homme de cinquante ans pour sa jeune femme. Saint-Simon, à qui il n'a pas tenu de faire de Villars un personnage burlesque et de comédie, nous a mis au courant de tous ces propos de la malveillance. Heureusement, à partir de ce moment décisif où Villars va commander en chef, nous avons les moyens les plus sûrs de contrôle, les pièces mêmes et instruments d'une histoire militaire complète dans les *Mémoires relatifs à la Guerre de la Succession*, dressés au 18ᵉ siècle par le lieutenant général de Vault et publiés de nos jours avec grand soin par M. le général Pelet (1). Là, on trouve non-

(1) Dans la Collection des *Documents inédits de l'Histoire de France.* — Neuf volumes de ces Mémoires militaires (de 1701 à 1709) ont paru.

seulement la suite méthodique et l'analyse raisonnée
des opérations de Villars, mais ses lettres au roi, aux
ministres, les ordres ou les réponses qu'il reçoit, enfin tous les éléments pour former un jugement solide sur son caractère et son mérite de général. Les
méchants propos de Versailles ne sont plus que des
propos, et même en y faisant toute la part possible,
en accordant un peu de vérité dans beaucoup de
mensonge, les lignes et les traits essentiels de l'habile et hardi capitaine, ses belles parties de talent
n'en sont pas entamées ; la gloire de Villars subsiste.

Quand Louis XIV, de son propre mouvement, destina Villars à l'armée d'Allemagne, il commençait à
ne plus être content des services de Catinat. Dès qu'on
parle de Catinat, il y a à prendre garde : si le 18e
siècle, en le célébrant et en cherchant à préconiser
en lui un de ses précurseurs, une des victimes du
grand roi, a raisonné un peu à l'aveugle de ses talents
militaires et les a exaltés académiquement, il ne faut
pas tomber dans l'excès contraire ni trancher au détriment d'un homme qui eut ses jours brillants, dont
l'expérience et la science étaient grandes, et dont le
caractère moral soutenu, élevé, est devenu l'un des
beaux exemplaires de la nature humaine. Catinat est
de ces généraux si parfaits et si purs dans leur disgrâce qu'on est tenté de la leur désirer comme un
dernier triomphe, et qu'on ne voudrait pas la leur
ôter. Venant de parler des autres généraux en vogue
et en renom, et de Villars même, qui était alors sur

le pied de conquérant, Mme de Coulanges, dans une
lettre à Mme de Grignan (1703), écrivait : « Mais,
madame, je m'amuse à vous parler des maréchaux
de France employés, et je ne vous dis rien de celui
dont le loisir et la sagesse sont au-dessus de tout ce
que l'on en peut dire : il me paraît avoir bien de
l'esprit, une modestie charmante : *il ne me parle jamais de lui.*. C'est un parfait philosophe, et philosophe chrétien ; enfin, si j'avais eu un voisin à choisir, ne pouvant m'approcher de Grignan, j'aurais
choisi celui-là. » Catinat disgracié est encore mieux
dans son cadre et à son avantage que M. de Pom-
ponne. Mais cependant, à la guerre, il faut agir,
s'ingénier, entreprendre. Dans cette guerre du Rhin
en particulier, Louis XIV avait besoin, en 1702,
qu'on opérât une puissante diversion en faveur de
l'Electeur de Bavière, qui osait, au cœur de l'Allemagne, se déclarer pour lui, et qui était en danger,
si on ne les partageait, d'avoir à porter le gros des
forces de l'Empire. Catinat, chargé de former et de
commander un corps d'armée en état de tenir tête au
prince Louis de Bade sur cette frontière, et qui d'ailleurs ne fut instruit par sa Cour de l'alliance avec la
Bavière qu'au dernier moment et lorsqu'elle fut
déclarée, se trouva trop faible dès le début pour
s'opposer au siége de Landau, qui était alors à
la France, et se résigna tout d'abord à la perte
de cette place. Il se trouva trop faible encore pour
rien tenter qui en dédommageât. Il estimait l'ar-

mée du prince de Bade trop nombreuse, et la sienne
trop peu, pour risquer aucune affaire et pour prendre l'offensive. Louis XIV et lui n'étaient nullement
d'accord sur le chiffre des troupes. Le roi com-
mettait une erreur assez ordinaire aux souverains di-
recteurs d'armée, erreur en partie volontaire, qui
consiste à prétendre que le général a plus de troupes
sous le drapeau qu'il n'y en a en effet, et que les ennemis en ont moins qu'on ne le suppose. C'est quelquefois le moyen de faire faire aux hommes plus
qu'ils ne peuvent. Mais Catinat ne se laisse point entraîner à ces soubresauts du point d'honneur, et il
ne répond pas à l'aiguillon. Sur tout ce qu'on lui
propose, il dit : « C'est impossible ; » et il ne propose rien en retour qu'une retraite prudente. Le roi
le presse, le stimule autant qu'un roi majestueux
comme Louis XIV peut stimuler un général d'armée :

« ...Je vois néanmoins que vous ne vous proposez rien,
pas même de vous avancer à Weissembourg, pour leur donner de l'inquiétude. Je sais que vous n'avez pas un corps de
troupes suffisant pour présenter la bataille au prince de
Bade, s'il est en plaine devant vous; mais vous n'êtes point
assez faible pour lui laisser prendre Landau sans y mettre
quelque obstacle, ce qui se peut par plusieurs moyens différents... (Et après un aperçu de ces moyens :) Tout ce que
je vous mande n'est que pour vous donner différentes vues,
et vous mettre en état de faire un plan qui ne peut être
autre que de secourir Landau en cas que je vous envoie suffisamment de troupes... Mais supposé que je ne le puisse
pas faire et que je sois obligé d'abandonner cette place à sa
propre défense, ne pourriez-vous pas, en ce cas, faire quel-

que entreprise qui puisse donner lieu à une diversion, ou du moins empêcher le mauvais effet que produirait l'inaction dans laquelle vous demeureriez? » (Lettre du roi du 22 juin 1702.)

A mesure que ce siége de Landau approche du terme prévu, les ordres de la Cour redoublent de vivacité pour qu'on avise au moins par quelque endroit à une revanche. Chamillart, dans une lettre à Catinat du 22 juillet, en demandant pardon « de s'expliquer sur une matière aussi délicate, sur laquelle il ne raisonne, dit-il, que par le bon sens que Dieu lui a donné, et sans aucune expérience, » se prodigue en exhortations des plus vives :

« Il me semble que des troupes aussi bonnes que celles que vous avez, et en aussi grand nombre, ne doivent point appréhender l'armée de l'empereur, pourvu que vous les puissiez rassembler avant que le siége de Landau soit fini. Le roi travaille à faire des troupes pour fortifier le côté de la Sarre, et avant la fin de septembre il y aura au moins douze bataillons d'augmentation, et vers le 1er novembre encore huit autres ; il n'y a de dangereux que le moment critique dans lequel vous êtes. Au nom de Dieu, hasardez quelque chose pour vous en garantir ; car si vous pouvez arrêter les ennemis, tout est sauvé ; si au contraire vous vous laissez entamer, il n'y aura plus de retour, et les suites de ce dérangement font trembler.

« Pardonnez à l'excès de mon zèle, qui peut-être m'emporte bien loin ; mais j'ai cru devoir au roi et à vous, peut-être à moi-même, une explication aussi naturelle, qui vous servira à vous fortifier à prendre des résolutions honorables ; car, pour le reste, c'est à vous de faire ce que vous croirez qui convient le mieux. »

Catinat tient bon et ne démord pas de son dire :
« Cela ne se peut pas. » Il voit des difficultés partout, il a réponse à tout ; le meilleur parti à ses
yeux, dans le cas présent, n'est que le moins mauvais, et il persiste dans sa méthode expectante, qui
doit tout bonnement aboutir à une marche rétrograde raisonnée sous Strasbourg : « Voilà, Sire,
quel est mon sentiment. Si je parlais autrement à
Votre Majesté, je n'aurais plus l'honneur de me conduire à son égard *avec un esprit de vérité.* » C'est
comme un janséniste de la guerre que Catinat ; il
y porte l'amour strict de la vérité, et une prudence,
une patience opiniâtre. Cet homme-là était trop philosophe pour être longtemps un général selon le
génie de la nation.

Villars paraît, et l'on n'a plus affaire aux mêmes
scrupules ni à la même réserve ; c'est ici un guerrier d'une autre famille que Catinat, mais, en tant
que guerrier, d'une famille meilleure et plus faite
pour l'action. Il sait comment on relève de sa langueur
et comment on électrise le Français. Louis XIV, en lui
donnant l'ordre de partir, lui a dit expressément « qu'il
voudrait bien inspirer à ce qui est à la tête des armées l'audace naturelle à quiconque mène des Français. » Et ce mot-là a plus que suffi pour l'électriser
lui-même. Il n'a encore à cette date que le grade
de lieutenant général ; il diffère d'emblée sur les
vues d'avec le maréchal. Déjà il avait, dans son zèle,
remis un mémoire à Chamillart pour indiquer les

moyens de rendre le siége de Landau difficile, ou,
en cas de perte, d'en prendre sa revanche sur Kehl,
ou de pourvoir tout au moins à la sûreté des frontières. Avec Villars, il y aura fertilité et luxe plutôt
que disette de moyens, de plans, de vues ; on n'a
qu'à choisir ; il a l'initiative, il a l'invention. Un de
ses principes (car Villars a des principes, et sous son
fracas il a le fond), c'est « qu'à la guerre, comme
dans toute autre matière importante, il est dangereux
de n'avoir qu'un objet, parce que, si on le manque,
on se trouve sans vues et sans desseins, et par conséquent dans une inaction ruineuse. » Ce qui n'est
que difficile ne lui paraît jamais impossible ; ce qu'on
dit impossible le tente : l'extrême activité est un de
ses moyens. Il est « persuadé qu'à la guerre tout dépend d'imposer à son ennemi, et, dès qu'on a
gagné ce point, ne lui plus donner le temps de reprendre cœur. » — Villars, chargé d'abord d'un détachement sur la Sarre et sous les ordres de Catinat,
n'approuve point les idées craintives de ce maréchal.
Il a sa correspondance directe avec Chamillart ; il
lui écrit des environs de Haguenau (10 juillet 1702) :

« Pour moi, monseigneur, je vois M. le maréchal de Catinat persuadé que, Landau pris, les ennemis pourront songer
au siége de Sarre-Louis. En vérité, je ne puis imaginer comment il serait au pouvoir de M. le prince de Bade d'avoir
l'appareil nécessaire pour deux siéges. Je n'ai point seulement pensé qu'il lui fût possible d'en avoir suffisamment pour
celui de Landau. Vous savez, monseigneur, quels sont les
transports prodigieux pour faire un siége comme celui de

Sarre-Louis. D'où les tirer? où les établir? Sa Majesté connaît mieux que personne quel temps il faut pour de pareils
amas; je n'y vois pas la moindre apparence. Cependant, sur
cette crainte, selon moi très-peu fondée, il m'ordonne d'y
mettre trois bataillons des troupes qu'amène M. de Chama-
rande et trois escadrons. Voilà ce qui fait, monseigneur, que
l'on n'a plus d'armée quand on met tout en garnison... —
Pardonnez-moi, monseigneur, mes raisonnements; je les
soumets avec le respect que je dois, et j'ose me flatter que
vous n'en désapprouverez pas la liberté. Je vous supplie de
vouloir bien que M. le maréchal de Catinat ne puisse juger
par les lettres dont vous l'honorerez ce que je vous mande.
Je lui ai bien dit les mêmes choses... »

Cependant Catinat semble un instant avoir une
velléité d'attaquer, et il donne une espérance d'offensive. Le fils aîné de l'empereur, le jeune roi des Ro-
mains a rejoint l'armée impériale devant Landau;
ce jeune prince, dans son ardeur de se signaler, peut
se porter en avant et offrir une occasion :

« Rien n'est plus important, écrit Louis XIV à Catinat
(2 août 1702), que de profiter de la vivacité de ce jeune prince,
qui pourra l'entraîner à des mouvements dont un homme
sage et d'une expérience consommée comme vous pourrait
profiter; mais pour cela il faudrait être à portée de lui... Je
vous avoue que rien ne me saurait tirer de la peine où je
suis, que de vous voir déterminé à prendre un parti de vigueur. L'ordre que vous avez donné au marquis de Villars y
convient parfaitement, pourvu qu'il vous puisse joindre en
cas que vous jugiez avoir besoin de lui : il peut y arriver le 10
ou le 12 au plus tard. Si vous vous trouvez à portée de faire
quelque entreprise, n'appréhendez point que je vous rende
garant du succès; je prends sur moi tous les événements, et
vous donne un plein pouvoir d'attaquer les ennemis et de les

combattre forts ou faibles, lorsque vous les trouverez, en cas que vous le jugiez à propos ; tout ce que j'appréhende, c'est que vous ne vous retiriez en les laissant maîtres de l'Alsace et de la Sarre. »

Après avoir rejoint Catinat, Villars diffère encore d'opinion avec lui dans la supposition d'une retraite prochaine : quand l'ennemi ferait un mouvement dans la haute Alsace, il est d'avis qu'on n'abandonne pas Saverne et qu'on se poste vers la montagne, assurant sa communication avec la Lorraine, au lieu que Catinat, qui craint pour le pays plat d'Alsace, veut tenir sur le Rhin. Dans le conseil de guerre que Catinat assemble à ce sujet, Villars est seul de son avis, mais le sien est aussi celui du roi qui l'approuve. Bref, il n'y a plus à en douter, surtout lorsque l'alliance déclarée avec l'Electeur de Bavière va exiger un grand effort pour la jonction, Villars est l'homme du roi à l'armée du Rhin, l'homme de la pensée de Versailles et en qui on a confiance pour l'exécuter. Catinat n'est plus général en chef que de nom, jusqu'à ce que les convenances mêmes indiquent qu'il n'y peut honnêtement demeurer. Villars commande le détachement qui doit tout faire pour forcer les obstacles et se mettre en mesure de joindre l'Électeur : il s'agit d'abord de traverser le Rhin en présence de l'ennemi, puis de s'ouvrir malgré lui et à travers ses postes retranchés l'entrée des Montagnes Noires. L'Electeur, s'il était exact et fidèle au rendez-vous, devrait y tendre de son côté et n'en

être pas loin. Il manqua à ce qu'on attendait de lui,
cette fois, et d'autres encore ; mais Villars fit tout ce
qu'il fallait et ce que Catinat estimait impossible, et
en définitive il réussit.

Je me suis permis d'exposer ce détail qui laisse
voir en une sorte de conflit deux noms célèbres, ou
du moins j'ai voulu l'indiquer en renvoyant aux
vraies sources, aux *Mémoires de la Guerre de la
Succession*, pour qu'on ne dise pas en deux mots que
Villars a miné et supplanté Catinat à l'armée du
Rhin, tandis que réellement Catinat, quelque respect
que l'on doive à son caractère, s'y mina lui-même
par une inaction et une circonspection excessive
qu'il n'avait sans doute pas toujours eue à ce
degré, mais qui s'était accrue avec l'âge, au point de
devenir elle-même un danger. « Il y a des temps
où les Fabius sont de bon usage, et des temps où les
Marcellus sont nécessaires. » Le mot est de M. Des
Alleurs, un des amis de Villars, lequel l'accepte volontiers et s'en décore. Il n'est pas homme à se pri-
ver d'un compliment.

Après cela, à lire la suite de ses lettres au roi et à
Chamillart, il est clair que Villars n'a cessé de se
proposer lui-même : il sentait sa valeur et aspirait à
son emploi. Ainsi le 2 juin de cette année 1702, il
écrivait à Chamillart :

« Ne voulez-vous point, monseigneur, dans la guerre la
plus difficile qu'on ait vue depuis trente ans, peser la différence qu'il y a d'un homme à un autre ? et quel malheur

n'est-ce point de n'avoir pu tirer de la plus fière de toutes les nations, toujours victorieuse depuis le règne du plus grand roi qui ait jamais porté la couronne, un peu plus d'hommes capables de mener cette nation ! J'ai tout le respect que je dois pour ceux qui sont à la tête de nos armées, mais cependant peut-être y aurait-il encore chez eux quelque chose à désirer. Faut-il que les raisons de cour, les protections, certains emplois déjà occupés, le grand âge, de longs mais froids services... »

Il s'embrouille dans sa phrase (ce qui lui arrive quelquefois quand les phrases sont longues), et il ne l'achève pas ; mais il suit très-bien sa pensée, et il veut dire ce qu'il redit souvent encore ailleurs en des termes que je résume ainsi : « Les hommes à la guerre sont rares ; avec mes défauts, je crois en être un ; essayez de moi. »

Villars, à la tête d'un détachement considérable et par le fait général en chef, investi de la confiance du roi, ne songe qu'à la justifier. Il trouve moyen d'abord de passer le Rhin à Huningue (1er et 2 octobre 1702), en s'aidant d'une île qui coupe le cours du fleuve et qui laisse le plus petit bras du côté de la rive opposée. Le pont jeté et le Rhin franchi ou pouvant l'être, il n'eut plus qu'une idée, celle d'attaquer le front des ennemis, malgré l'avantage des hauteurs qu'ils occupaient. Une lettre de Louis XIV, du 5 octobre, ne contribua pas peu à l'y exciter :

« Monsieur le marquis de Villars, je suis si content de ce que vous venez de faire, et j'ai une confiance si entière en votre expérience et votre bonne conduite, que j'ordonne au maréchal de Catinat de vous envoyer le plus diligemment qu'il pourra une augmentation de dix bataillons avec vingt escadrons. Je me persuade qu'avec le corps de troupes que vous avez, lorsqu'il sera renforcé par celui-ci, vous serez en état par vous-même de vous avancer, sans craindre que l'armée des ennemis puisse vous en empêcher... »

Catinat recevait en même temps une lettre du roi qui lui disait, après les motifs déduits :

« Tout cela bien examiné et discuté, je ne vois pas de meilleur parti à prendre que de soutenir et de renforcer le marquis de Villars, afin de le mettre en état d'entreprendre seul ce qu'il jugera à propos pour faciliter sa jonction avec l'Electeur de Bavière. »

Villars était arrivé au point où doit viser tout homme qui est né pour le commandement : agir seul et en chef. Car Villars, quel que soit le rang qu'on lui assigne en ordre de mérite, est un général en chef : ce n'est pas un lieutenant ni un second. « En lui, commander, a-t-on dit, était comme son état naturel. Il y faisait voir non pas de l'égalité seulement et une activité paisible, mais presque un jeu continuel, si on ose s'exprimer ainsi. » Bien que cela ait été dit dans un discours académique, cela est vrai.

L'Electeur a manqué au rendez-vous ; il n'a pas fait un pas dans ce sens, et n'a pas établi le concert indispensable. Villars bouillonne d'impatience : « Enfin, monseigneur, écrit-il à Chamillart du camp de Huningue, je suis *hors de moi* quand je songe qu'Ulm a été surpris le 8 septembre, que nous sommes au

11 octobre, et que je suis encore à recevoir les premières lettres de M. de Ricous (l'envoyé du roi à
Munich), et à régler les premiers concerts avec
M. l'Electeur. » Cependant l'idée d'attaquer de front
le camp des ennemis sur les hauteurs en face d'Huningue lui souriait. La prise de Neubourg, sur le
Rhin, à quatre lieues au-dessous, qu'avait conseillée
et conduite un des lieutenants de Villars, M. de
Laubanie, aida à l'entreprise, et la rendit possible
sans témérité. C'est alors que Villars, assuré de
deux points de passage sur le Rhin et voyant le
prince Louis de Bade mettre en mouvement ses troupes pour troubler son nouvel établissement de Neubourg, l'attaqua avec hardiesse dans ses retranchements mêmes, et, inférieur en nombre, livra et
gagna, le 14 octobre, contre le général le plus re-
nommé alors de l'Empire, la bataille de Friedlingen, qui lui valut le bâton de maréchal. Les propres
soldats de Villars furent les premiers à le saluer maréchal sur le champ de bataille. — Le prince de Bade
perdit ses munitions, abandonna dans les bois son
artillerie, et ne put rallier ses troupes qu'à six lieues
au delà.

Mais que ne va-t-on pas dire à Versailles, à cette
nouvelle du succès de l'heureux Villars? Louis XIV
d'abord; — celui-là sera juste. Sans compter les marques de satisfaction publique, la première fois qu'il
reverra Villars, deux ou trois mois après, il lui dira
ces belles paroles :

« Je suis autant Français que roi ; ce qui ternit la gloire de la nation m'est plus sensible que tout autre intérêt. C'est d'ordinaire sur les six heures du soir que Chamillart vient travailler avec moi, et pendant plus de trois mois il ne m'apprenait que des choses désagréables. L'heure à laquelle il arrivait était marquée par des mouvements dans mon sang. Vous m'avez tiré de cet état ; comptez sur ma reconnaissance. »

Mais les courtisans ou les frondeurs, MM. de l'Œil-de-Bœuf et les oisifs des terrasses de Versailles, oh ! c'est autre chose ! La France a eu un succès ; la victoire revient sous nos drapeaux, elle console le cœur d'un roi qui, en cela du moins, est patriote : que leur importe ! l'essentiel, pour eux, est de savoir si c'est bien Villars qui a gagné la bataille, si ce ne serait pas un autre, si on ne peut lui en ôter l'honneur ; et quel plaisir alors, quel triomphe de l'humilier ! Le fait est que dans cette bataille si bien préparée, si hardiment engagée, il y avait eu du hasard comme dans toute bataille, et même de la bizarrerie. La cavalerie faisait des merveilles dans la plaine ; l'infanterie fit de même d'abord sur la hauteur et dans les bois ; mais à un moment, en débusquant dans la plaine à leur tour, les plus ardents à la poursuite furent repoussés ; ils se rejetèrent en arrière, et il y eut un mouvement rétrograde, presque une panique. Il pouvait se faire qu'une bataille gagnée devînt une bataille perdue. Tout cela fut réparé ; les ennemis perdirent plus de quarante drapeaux et étendards, et l'armée du roi n'en laissa pas un des siens ; seulement, le temps qu'il fallut pour remettre

quelque ordre dans l'infanterie sauva celle des Impé-
riaux et nuisit à la poursuite. Or, à Versailles, dès
qu'on sut les particularités de l'affaire, on les exagéra.
M. de Magnac, maréchal de camp, avait fort bien
conduit la cavalerie, qui décida du gain de la journée. Villars, dès son premier billet au roi, daté du
14 et du camp de Friedlingen, disait dans un post-
scriptum : « *Je dois rendre justice aussi à M. de Ma-*
gnac. » Ce n'était pas assez dire. Il le désignait avec
distinction dans son rapport du lendemain, mais pas
hors ligne. Magnac, dans une lettre du 17 octobre,
s'adressa directement au roi :

Sire, la cavalerie de l'armée de Votre Majesté a gagné la
bataille le 14 de ce mois; j'avais l'honneur de la commander,
sans qu'il y eût aucun lieutenant général au-dessus de moi,
pendant que M. le marquis de Villars était à votre infanterie,
où il essuyait de grosses décharges de celle des ennemis.
Sire, je vous demande, pour récompense de quarante-six années de service en qualité d'officier dans votre cavalerie, de
vous faire informer, par M. de Villars, si ce jour-là je vous
ai assez rendu de services pour mériter la grâce de me faire
lieutenant général. Comme je ne doute pas que ce brave
homme ne vous dise la vérité lorsque vous lui ferez demander, j'espère, Sire, que vous aurez autant d'estime pour moi
qu'il m'a prouvé d'amitié. Depuis l'âge de onze ans, Sire, je
n'ai d'autre application que de vous bien servir; mais le 14 de
ce mois, ce n'a pas été inutilement. Je n'ai ni brigue ni patron
à la cour, Sire; c'est pourquoi je demande encore à Votre
Majesté, avec instance, de se faire informer si j'ai bonne part
à la victoire que vous avez remportée contre vos ennemis.
Toutes vos troupes en sont témoins; M. de Villars me l'a dit
à la tête de votre armée, en me faisant l'honneur de m'em-
brasser devant tous les officiers. . »

Il fut nommé peu après lieutenant-général. On saisit bien la nuance et le degré du tort où Villars put être à l'égard de M. de Magnac; il le nomme, il lui rend *aussi* justice : mais il ne va pas sur son compte au-devant de l'entière et éclatante vérité : seulement, si on la lui demande, il la dira. Catinat, certes, en eût agi autrement. Dans tous les cas et toute justice rendue à M. de Magnac, c'était bien Villars qui avait remporté la victoire et tout fait pour la remporter. Mais Saint-Simon ne le veut pas; dans une de ses notes sur Dangeau, qui a trait au moment où l'heureuse nouvelle arrive à la Cour, on lit :

« M. de Villars crut si bien la bataille perdue, que Magnac, lieutenant général (lisez maréchal de camp), le trouva sous un arbre s'arrachant les cheveux, qui lui apprit qu'elle était gagnée. Il eut peine à le croire, et poussa plus d'une demi-lieue, et trouva qu'il était vrai.— On trouva fort ridicule l'envoi du comte d'Ayen pour apporter les drapeaux pris, et qu'il en eût accepté la commission, ne s'étant pas trouvé du tout à la bataille. »

J'en demande pardon à Saint-Simon : mais il est fâcheux, lorsqu'après tant de langueur et de médiocrité dans la conduite des armées, on apprend qu'on a enfin gagné une bataille, et qu'on l'a gagnée dans des circonstances difficiles et par un général nouveau qui se déclare, il est fâcheux de ne la prendre aussitôt que par un petit côté et par le *ridicule*. Quant à l'image de Villars sous un arbre s'arrachant

les cheveux, le croira qui voudra : les grands écri-
vains pittoresques ont de ces métaphores.

Villars eut toute sa vie à combattre ce déchaînement de la Cour et les mille histoires qu'on y faisait
sur lui. Même quand il était le plus populaire en
France et dans l'armée, il était raillé à Versailles.
On n'y crut à l'importance de la journée de Denain
qu'à la dernière extrémité.

Il savait ces choses, et il s'en inquiétait afin d'y
répondre, et de ne pas négliger, au besoin, de se
poser en victime ; mais pourvu qu'il eût le roi pour
lui, il ne s'en affligeait guère et ne s'en découra-
geait pas. Il allait avoir fort à faire encore malgré sa
victoire ; l'Electeur de Bavière n'était pas à portée
pour qu'on pût songer à le joindre, et il fallait ajour-
ner l'exécution de ce principal dessein. En attendant,
« j'ose assurer Votre Majesté, écrivait le maréchal de
Villars après Friedlingen, que ce qui ne sera pas exécuté par l'armée dont il lui a plu de me donner le commandement n'aura pu l'être; et il ne viendra pas de lettre de ladite armée qui dise que l'on pouvait faire plus.»

Villars pense à assurer ses quartiers d'hiver et à
parer aux nouvelles dispositions de l'ennemi. Il croit
nécessaire pour cela de faire occuper Nancy (alors
au duc de Lorraine), et, ayant obtenu l'approbation
du roi, il charge de l'exécution M. de Tallard.
Celui-ci, dont les troupes étaient fatiguées, lui représenta les difficultés et, entre autres, que pendant
la gelée on ne pouvait ouvrir la terre ni se servir

des rivières, et que pendant les pluies on ne pouvait faire les charrois. A quoi Villars répondit : « Pendant les pluies on se sert des rivières et on ouvre la terre, et pendant la gelée on fait les charrois. » Villars a beaucoup de ces saillies et de ces répliques heureuses. S'il était aussi bien M. de Vendôme, on dirait que c'est le sang de Henri IV qui pétille dans sa parole.

Il revient à Paris au commencement de janvier 1703, pour voir sa femme et un fils qui lui était né. Il y prend les ordres du roi et repart treize jours après avec la permission de faire le siége de Kehl, s'il le croyait convenable. Cette entreprise, dont l'avantage était d'aider ultérieurement à la jonction avec l'Electeur et de faire dès à présent une diversion très-utile sur le Rhin, offrait d'assez grandes difficultés dans la saison. Villars en triompha à force de rapidité dans les marches et de résolution dans l'attaque. Il redonna aux troupes (et moins aisément aux officiers généraux qu'aux soldats) l'entrain qu'on avait perdu depuis MM. de Turenne et de Crequi pour les campagnes d'hiver. Il prenait tout le premier sa part à la peine en ne quittant presque pas la tranchée. « Il n'est pas nécessaire, lui disaient les ingénieurs, qu'un maréchal de France y soit si souvent.»—«Non, répondait-il, mais avouez que cela ne fait pas mal. »

« Je passe avec eux (avec les soldats) une partie de la nuit, écrivait-il au ministre ; nous buvons un peu de brandevin ensemble : je leur fais des contes, je leur dis qu'il n'y a que les Français qui sachent prendre les villes l'hiver. Je n'en ai pas fait pendre un seul. Je leur garde deux grenadiers qui l'ont bien mérité pour leur donner leur grâce en faveur de la première bonne action que leurs camarades feront : enfin, j'y fais tout de mon mieux. Tout ira bien, s'il plaît à Dieu ; mais si quelqu'un vous dit que tout ceci est bien aisé, ayez la bonté de ne le pas croire. »

On ne suivit pas exactement la méthode de l'art dans l'attaque, et, sentant de la mollesse dans les assiégés, Villars passa sur quelques règles que le corps du génie a coutume d'observer. Informé des critiques de Versailles, tant celles des courtisans que de quelques officiers généraux, il crut devoir se justifier auprès du ministre d'avoir pris Kehl trop cavalièrement, sans avoir observé toutes les formes. Il avait fait en douze jours de tranchée ouverte ce que d'autres eussent fait en un mois.

On était en mars. Villars, jugeant impossible d'entreprendre sa jonction avec l'Electeur avant le mois de mai, prit sur lui de ramener son armée sur la rive gauche du Rhin pour lui donner du rafraîchissement. Il conserva quatre ponts sur le Rhin par lesquels il pouvait toujours repasser à volonté sur la rive droite.

Ce temps de repos de Villars déplut à Versailles, et Louis XIV même ne l'approuva point. La pensée politique dominait ce monarque ; il sentait l'importance de garder l'Electeur de Bavière pour allié au centre de l'Empire, et il voulait à tout prix lui prouver qu'il ne négligeait rien pour occuper les forces du prince Louis de Bade, et pour faire pénétrer un corps d'armée jusqu'à lui.

« Vous avez acquis beaucoup de gloire, écrivait Louis XIV
à Villars (16 mars 1703), vous avez fait tout ce que le courage, le zèle le plus ardent et l'expérience la plus consommée me devaient faire attendre de vous ; ce qui vous reste à
faire est encore plus important, et vous pouvez vous combler
d'honneur et me procurer une paix glorieuse en joignant les
troupes de l'Electeur de Bavière, et en portant avec lui la
guerre dans le milieu de l'Empire. »

Villars insista pour un retard ; il donna des raisons militaires de tout genre. Il avait, de plus, quelques doutes sur la fidélité de l'Electeur et sur sa fermeté dans son engagement ; depuis plusieurs mois il
n'avait pu même obtenir de ce prince qu'il établît
avec lui une correspondance régulière pour concer-
ter ensemble leurs démarches et opérations. Il hésitait à entrer dans les Montagnes Noires, de peur d'y
être coupé, sans pouvoir joindre un allié qui tendait
si peu la main. Il sentait à son tour le poids de la
responsabilité : « Ce que je crains le moins, ce sont
les ennemis, écrivait-il ; et dès que j'aurai passé le
Rhin, mon salut consiste à les chercher partout, et
je désire seulement qu'ils ne prennent pas le parti
d'éviter le combat. »

Louis XIV fut mécontent de ce raisonnement pro-
longé et de cette persistance de Villars dans son propre sens :

« Vous m'aviez bien mandé, lui écrivit-il (19 mars 1703),
le besoin que vos troupes avaient de repos, et la nécessité
de leur donner un mois ou cinq semaines pour se rétablir,
faire joindre leurs recrues, et les réparations dont elles

avaient besoin pour être en état d'agir plus utilement; mais vous ne m'aviez pas donné lieu de croire que vous les feriez repasser dans l'Alsace; je devais même être persuadé que vous les feriez cantonner de l'autre côté du Rhin. Tout cela n'est arrivé que par la confiance que j'ai en vous. Il est de votre intérêt, pour la conserver, de faire en sorte que le mouvement que vous avez fait ne porte aucun préjudice à la situation heureuse dans laquelle vous avez mis mes affaires.»

Et il lui réitère les ordres les plus précis de rentrer immédiatement en campagne. — Villars est touché et piqué du reproche :

« J'ose supplier Votre Majesté d'être bien persuadée que je tâcherai de mériter l'honneur de sa confiance par une très-grande exactitude à ne rien prendre sur moi; il est vrai que depuis que sa bonté a daigné me confier ses armées, elle m'avait laissé une liberté entière, dont, grâce à Dieu, je n'ai pas abusé au détriment de ses affaires. Je serai plus circonspect à l'avenir, et je ressens une vive douleur de m'en être écarté... »

Quand on lit la suite de ses lettres, il semble toutefois que les bonnes raisons pour la conduite qu'il tint alors ne lui ont pas tout à fait manqué.

Les courtisans n'y regardaient pas de si près : Villars, nouvellement marié et père, avait fait venir la maréchale à Strasbourg, et l'on prétendait que ce n'était que pour elle et par jalousie, pour ne la point perdre de vue, qu'il avait songé à procurer ce repos à son armée après la prise de Kehl. L'envoyé de l'Electeur de Bavière à Versailles, M. de Monasterol, chauffait ces discours qui nous sont revenus tout vifs et bouillants par Saint-Simon : *Honteux délais de*

Villars ; jaloux de sa femme, etc., etc. On peut voir le reste au chapitre VI du tome IV de la bonne édition de Saint-Simon.

« Je sais, écrivait Villars au prince de Conti, que sur les terrasses de Versailles et de Marly, moi pauvre diable, on me traite d'extravagant, ou par l'amour, ou par l'avarice, ou par la vanité. J'ai ouï dire qu'il n'y a que ces trois petits points dans mon procès ; or c'est bien assez pour faire juger un homme pendable. »

Et au ministre Chamillart il écrivait d'un ton moins léger :

« Ceux qui publient que je ne veux pas joindre M. l'Electeur de Bavière, et que j'ai repassé le Rhin pour voir Mme de Villars, qui ne m'a pourtant pas beaucoup occupé pendant mon siége de Kehl, ne songent sans doute pas que j'ai dû me conserver de la subsistance pour repasser le Rhin ; qu'il y a un esprit de prévoyance dans la guerre de campagne pour ménager un pays qui doit nous servir dans les nécessités urgentes, et que de ces ménagements dépend quelquefois le succès d'une campagne. »

La lettre à Chamillart du 27 mars 1703, où on lit ces mots, est capitale pour la connaissance morale de Villars ; elle met à nu son cœur à ce moment, et elle nous le découvre même avec une naïveté qui, ce me semble, ne saurait manquer de plaire. Chamillart lui avait écrit un peu à la légère au commencement de la campagne : « Ce n'est pas assez pour vous d'avoir fini glorieusement la dernière, il faut mériter pendant celle-ci d'être Connétable. » Villars n'a pas laissé tomber le propos, et il s'est dit : *Pourquoi pas?* De plus, s'il a été fait maréchal après Friedlingen, il n'a pas été fait duc, et il le désire. Lui qui sait comment on mène les hommes, il indique donc très-naïvement et assez gaiement à Chamillart de quelle manière il conviendrait de le mener lui-même, et à quelle fumée d'ambition il est le plus homme à se laisser prendre. Car nul cœur n'a senti plus au vif que Villars l'aiguillon de la louange, et nul aussi n'est plus affecté d'un reproche :

« Vous eûtes la bonté, écrit-il, de me mander que je m'étais fait maréchal de France la campagne précédente par de très-grands services et de belles actions ; qu'il fallait songer à me faire Connétable. Je n'ai pas regardé ce discours comme une espérance bien prochaine, et j'eus l'honneur de vous mander que je n'en étais pas encore là ; mais enfin de tels propos réveillent l'ardeur. Qu'est-il arrivé ? C'est que nous avons surmonté, premièrement, tous les obstacles qui nous retenaient en Alsace. On est parti de Neubourg le 15 février, et, vingt-deux jours après, Kehl a été au pouvoir du roi.

« Pour l'expédition de ce second projet (la jonction avec l'Electeur), ma foi ! si vous me permettez de sortir un peu du sérieux qui convient quand on a l'honneur d'écrire à son ministre , j'aurai l'honneur de vous dire que vous vous y prenez très-mal. On commence par me gronder : j'ai abusé de la confiance de Sa Majesté en prenant trop sur moi; il me revient des menaces. Ce n'est pas là la bonne manière, et, suivant l'expérience, il fallait me mander : « *Le roi sait que votre zèle et un désir de gloire vont tellement avant tout dans votre cœur que les récompenses ne sont pas nécessaires pour vous exciter. Cependant, comme rien n'est plus important que la jonction, Sa Majesté envoie à M. l'Electeur de Bavière un brevet de duc pareil à ceux qu'elle a donnés à messieurs les maréchaux de Boufflers et d'Harcourt, pour vous le remettre dès que son armée aura joint les troupes bavaroises. Après cela, allez vers l'Autriche, divisez les forces de l'Empire, forcez-le à la paix, et nous verrons si l'on pourra croire sérieux ce que vous avez bien vu qui ne l'était pas quand je vous ai nommé l'emploi de Connétable. »*

« Voilà, monsieur, des paroles nécessaires, non pour augmenter le zèle, il est toujours égal, mais pour que votre général ait l'esprit plus libre, le cœur satisfait, et que, jugeant de sa fortune dans la guerre par celle qu'il trouve dans son élévation, il ne croie rien d'impossible. En vérité, cela est plus sûr que de suivre l'avis des courtisans, qui, ne songeant qu'à détruire ceux qui n'ont pour eux que leurs services, pourraient établir, sous un roi moins juste et moins grand que celui que la bonté de Dieu nous a donné, cette maxime si dangereuse pour les maîtres de la terre, qu'il vaut mieux songer à leur plaire qu'à les servir. Plaire et servir, cela peut-il être séparé ? Peut-on plaire sans servir ? Vraiment oui, et recevoir les grâces les plus importantes. Peut-on servir sans plaire ? Hélas ! oui. »

Tel est au vrai Villars nous donnant son secret, et dictant spirituellement les paroles et les moyens les plus propres pour exalter et enlever Villars. Cette lettre écrite à une heure décisive lui était restée très-présente, et, bien vieux, il aimait à en rappeler textuellement les dernières paroles : *Peut-on servir sans plaire ? Peut-on plaire sans servir ?* etc. La lettre, d'ailleurs, se terminait par un post-scriptum plus grave et qui montrait qu'à travers les bouffées et les saillies de la vanité, on avait affaire à un chef réfléchi, ayant la conscience de ses hauts devoirs militaires. Voici ce post-scriptum, qui n'est plus d'un homme qui badine, mais d'un général :

« Sur ce que vous me faites l'honneur de me dire que le courtisan veut s'imaginer que j'évite la jonction, j'aurai celui de vous répondre que je la désire passionnément, mais que je regarde le commandement d'une armée séparée de nos frontières comme l'emploi le plus difficile qui ait jamais été donné à personne. Ajoutez-y, monsieur, que cette armée part sans officiers, ni recrues, ni habillements, ni armes, et des fonds bien médiocres pour sa subsistance. A cela près, fussions-nous déjà de l'autre côté du Danube ! Mais celui qui ne comprendra pas la pesanteur d'un tel emploi ne mérite pas d'en être chargé. »

Je ne crains pas d'insister sur cette Etude de Villars, parce qu'il me semble qu'en exprimant à fond, et à l'aide de ses propres paroles, sa brillante nature si décidée et si en dehors, je dépeins peut-être plus d'un homme en sa personne et plus d'un vaillant guerrier.

III. *Expédition en Bavière. — Bataille d'Hochstett. — Villars dans les Cévennes. — Villars à Haute-Sierck : retraite de Marlborough. — Campagnes du Rhin ; refus de servir en Italie.*

Il s'agissait pour Villars de joindre l'Electeur de Bavière le plus promptement possible; mais en attendant qu'il eût fait reconnaître les chemins et qu'ils fussent praticables, il résolut d'attaquer le prince de

Bade dans ses lignes de Bühl et de Stollhofen , lignes
en renom qui fermaient l'entrée de l'Allemagne, et
qu'il emporta quelques années plus tard sans difficulté, mais après la mort du prince. Celui-ci vivant
et les défendant, l'entreprise paraissait difficile, même
téméraire. Villars, malgré son vif désir, n'osa prendre sur lui l'événement contre l'avis de ses officiers
généraux qui, la plupart, lui firent et pour la seconde
fois, au moment même de commencer l'attaque, dans
la nuit du 23 avril (1703), de très-fortes et obstinées
représentations. Il s'arrêta à contre-cœur et en té-
moigna toujours des regrets depuis. Parlant au roi
des conseils de guerre et de ces délibérations où le
général en chef met aux voix une entreprise :

« Depuis que Votre Majesté me l'a défendu, écrivait Villars
quelques mois après, je consulte médiocrement, et seulement
par honnêteté ; et plût à Dieu ne l'avoir pas fait à Bühl, ou
que mes premiers ordres eussent été suivis le 23 avril, jour
qui me donnera des regrets toute ma vie ! Votre Majesté était
maîtresse de l'Empire ; il est inutile d'en parler : la prudence, la circonspection à laquelle on a été accoutumé dans
la dernière guerre d'Allemagne (celle d'avant la paix de Riswick) a fait oublier la véritable guerre à plusieurs. »

Villars n'était pas fâché peut-être d'exagérer auprès du roi l'inconvénient de n'avoir pas osé attaquer
ce jour-là. Grondé pour avoir pris sur lui de repasser sur la rive gauche du Rhin, il tenait à faire sentir qu'il en avait été un peu découragé et que cela
nuisait à la grandeur des vues, au bien du service :
« J'avoue, Sire, écrivait-il à Louis XIV, que je me

suis cru obligé à plus de circonspection, bien que
pénétré de toutes les bontés dont il a plu à Votre
Majesté de m'honorer pour me relever le courage un
peu abattu par la crainte de lui avoir déplu en re-
passant le Rhin. » Et avec Chamillart il s'ouvrait com-
plaisamment dans le même sens, et il continuait d'insi-
nuer cette leçon indirecte où nous l'avons déjà vu
si habile, et où la naïveté sert de couvert à la finesse :

« La prudence, monsieur, est très à la mode dans les armées. Les bontés de Sa Majesté, l'honneur de sa confiance
me donnent du courage ; mais permettez-moi de vous parler
avec liberté : ce qui est arrivé après Kehl, lorsqu'on m'a
blâmé d'avoir ramené l'armée en France, a fait une impression sur mon esprit, laquelle se détruira ; mais on est homme,
et une certaine activité qui m'a fait agir jusqu'à présent
sans trop consulter, une fois désapprouvée, ne se rétablit pas
tout d'un coup. Elle reviendra, mais j'ai vu clairement que
si je n'emportais pas le poste de M. le prince de Bade, on me
regarderait comme un fou.

« Si après Kehl on m'avait honoré de quelque élévation
(il voulait dire la duché-pairie), on se dit à soi-même : *Sui-
vons notre génie et la véritable raison de guerre ; ne soyons
pas retenu par des craintes basses : au pis aller, que me
feront ces misérables ? Je me trouve toujours une dignité qui
établit ma famille.* Mais une malheureuse petite fortune à
peine commencée, chancelante, ébranlée dans les occasions
qui devraient l'affermir, l'on se dit : *Ne faisons rien qu'à la
pluralité des voix ;* et l'on ne fait rien qui vaille. »

Pour nous expliquer toute la vérité sur Villars, sans
lui faire injure, et pour nous expliquer en même temps
le jugement indigné de Saint-Simon sans faire à ce
dernier trop de tort, nous n'avons qu'à nous figurer

(ce qui arrivait en effet) Villars dans quelque retour
à Versailles, Villars déjà comblé et se présentant
comme à moitié délaissé et déçu, parlant avec ostentation de sa *malheureuse petite fortune à peine commencée*, et de son peu de faveur en cour, disant tout
haut qu'il voyait bien que c'était une des maximes
favorites des rois qu'*on retient plus les hommes par
l'espérance que par la reconnaissance*, qu'ils font espérer beaucoup et accordent peu, et donnant par là
à entendre qu'à lui on lui promettait plus qu'on ne
tenait. Saint-Simon, présent à de telles paroles, et
qui avec son œil de lynx lisait dans tous les plis de
cet amour-propre avantageux et content de soi, content de se déployer au soleil, ne se sentait pas de
colère : « Je laisse à penser, écrit-il en une circonstance pareille, comment ce mot fut reçu venant d'un
compagnon de sa sorte, élevé et comblé au point
où il se trouvait. » Je doute cependant que l'élo-
quent duc et pair ait éclaté devant Villars, mais
il rentrait chez lui outré, grinçant des dents, la tête
fumante, et il couchait sur le papier toutes ses in-
dignations contre cet homme « le plus complétement
et le plus constamment heureux de tous les millions
d'hommes nés sous le long règne de Louis XIV, » et
qui prétendait se donner comme heureux en effet sans
doute, mais comme n'ayant pas atteint à toute sa fortune. Quant à Villars, il n'entrait pas dans toutes ces
susceptibilités, et les heurtait sans trop les regarder
ni les apercevoir ; il allait son train, poussant ses qua-

lités, usant de ses défauts, remplissant sa carrière, et bonhomme au demeurant. Dans le Journal de ses dernières années, écrit ou dicté par lui, il ne dit de mal de personne , et y nomme même Saint-Simon à la rencontre, indifféremment.

N'ayant pas fait sa diversion contre le prince de Bade, Villars n'avait plus qu'à exécuter au plus tôt les ordres du roi en cherchant à joindre l'Electeur à travers et par delà les Montagnes Noires. Au moment d'entreprendre ce passage , il en marquait les difficultés : « Ceci n'est pas une jonction, écrivait-il au roi ; pour cela il faut qu'une armée vienne au-devant de l'autre : c'est celle de Votre Majesté qui marche en Allemagne, pendant que celle de M. l'Electeur est vers Passau, c'est-à-dire à près de cent cinquante lieues d'ici. » Enfin l'opération se fit et réussit parfaitement. Villars et ses lieutenants traversèrent les défilés, en étant inquiétés à peine. L'Electeur le reçut à bras ouverts, avec des larmes de joie, en le proclamant son sauveur (9 mai 1703). Cette union des premiers jours devait peu durer.

Villars qui connaissait l'Electeur de longue main croyait que le meilleur parti à prendre avec lui était celui de la hauteur pour lui imposer et fixer les incertitudes d'un esprit peu solide, assez beau en paroles, mais qui n'avait nulle résolution arrêtée, surtout en matière de guerre. Dès le premier jour, il fit remarquer, dans une lettre au roi, qu'au milieu de tous les compliments de l'Electeur il n'y avait

aucune différence à table pour le cérémonial entre
lui maréchal de Villars, commandant les armées de
Sa Majesté, et les autres convives : « Ni chaise dis-
tinguée, ni pour laver, ni gens pour me servir ; c'é-
taient de simples valets de pied, comme pour tout
le reste. » Louis XIV, qui connaît les défauts de Villars, et les penchants sur lesquels il faut l'arrêter, lui
répond : « Mettez-vous au-dessus des petites choses
pour parvenir aux plus grandes. » Il lui recom-
mande aussi la déférence avant tout et l'insi-
nuation :

« Il ne convient pas d'avoir de la hauteur avec un homme
de sa naissance et de sa dignité ; vous devez avoir de la fermeté pour les choses qui seront importantes, mais lui représenter avec honnêteté, et vous prendrez plus d'autorité sur
lui par cette conduite que vous ne feriez en usant autrement. »

Les contributions dont on avait coutume de frapper
les pays ennemis, et moyennant lesquelles ils se rache-
taient de l'incendie et du pillage, étaient aussi une
difficulté que Villars avait prévue dès l'abord et dont
il avait parlé au roi. La répartition plus ou moins
égale et disputée de ces contributions entre le roi et
l'Electeur, et aussi entre le général du roi et les officiers de l'Electeur, devint une cause secrète et assez
peu honorable de brouille et de récriminations.

Toutefois les talents militaires de Villars se dessinè-
rent avec éclat, et s'il eût rencontré un autre homme que
cet Electeur, on aurait vu des événements extraordinai-

res. Le premier plan de Villars dans cette campagne
du Danube était de se porter entre Passau et Lintz,
d'attaquer celle des deux villes qui aurait paru le
plus dégarnie de troupes, et, si une partie de ces
troupes s'y était laissé prendre, de marcher sur
Vienne : « Je dois connaître cette place, ajoutait Villars, par le séjour que j'y ai fait. Sans nulle difficulté on se loge le premier jour sur la contrescarpe ;
on occupe en arrivant Léopodlstadt, et si nous n'y
avions trouvé que ce régiment de la garde ordinaire
que j'ai vu battre par les écoliers de Vienne, ce n'eût
peut-être pas été un siége de huit jours. » Notez que
Villars comptait bien alors se tenir, par le Tyrol, en
communication avec l'Italie et avec l'armée de Vendôme, dont un détachement l'aurait appuyé : « Ces
troupes, écrivait-il au roi, auraient traversé le Tyrol,
comme l'on va de Paris à Orléans, si elles s'étaient
mises en marche dès les premiers jours de juillet. »
Les grandes idées des campagnes de 1805 et de 1809,
Villars les a donc entrevues ; il avait pour principe
qu'*il faut qu'un seul et même esprit gouverne toute
la guerre* : « Votre Majesté saura un jour que l'empereur était perdu si on avait marché à Passau, et il
n'y a que des gens gagnés par l'empereur, ou des
ignorants, qui aient pu s'opposer à ce dessein. » Le
prince Eugène, revoyant Villars à Rastadt, le lui dit
en présence de témoins : si on avait suivi ce parti
alors, la paix qui se fit en 1714 eût pu être conquise
par la France neuf ans plus tôt.

Mais Villars n'était pas maître de ses mouvements.
Il n'obtint rien de M. de Vendôme ; il ne put déter-
miner l'Electeur à un grand parti, et ne put lui persuader que le meilleur moyen de défendre ses Etats
était de faire trembler l'adversaire au cœur des siens.
Louis XIV était trop loin, et d'ailleurs ce grand roi,
qui envisageait les choses à un point de vue surtout
politique et prudent, se fût bien gardé d'autoriser
son général à une entreprise qui dépassait à ce point
les horizons connus. Les généraux d'état-major sa-
vants et modestes qu'il consultait n'étaient pas hommes à prendre l'initiative de semblables conseils, et à
inaugurer cette stratégie supérieure qui combine les
mouvements des différentes armées et qui leur im-
prime de l'unité ; M. de Chamlay n'était pas un
Carnot.

Mais en évitant de faire la seule grande chose, on
arrivait à n'en pas faire même de médiocres : « A la
guerre, Sire, écrivait Villars, il n'y a que de certains
moments à prendre et la diligence, sans quoi, au lieu
d'avantages, il faut craindre des revers. » Les premiers et faciles succès que l'Electeur était allé chercher dans le Tyrol se perdaient six semaines après
dans une insurrection générale des paysans. Villars,
espérant peu désormais de M. de Vendôme, récla-
mait instamment qu'on fît une diversion du côté
du Rhin ; il se voyait en danger d'être isolé et cerné
au sein de l'Empire, coupé de toute communication
avec la France, et même investi dans son camp.

D'heureux combats partiels ne faisaient que retarder l'instant extrême, sans changer la situation. C'est alors que, voyant qu'il ne devait compter que sur lui-même et guettant l'occasion de sortir du pas difficile où il se trouvait, pressé qu'il était déjà entre deux armées, il livra aux troupes du comte de Stirum, près de Donawerth, la bataille d'Hochstett, qu'il gagna complétement (20 septembre 1703).

On voulut encore, et dans sa propre armée (où il avait des jaloux parmi les officiers généraux), et à Versailles, en user comme après Friedlingen et prétendre qu'un autre avait tout fait. M. d'Usson, qui écrivit directement au roi et dont le courrier même devança à Versailles celui de Villars, essaya de se donner l'honneur de la journée ; les envieux voulurent faire de lui le M. de Magnac de la nouvelle victoire. Mais cette fois il n'y eut pas moyen, et il fut prouvé que, loin d'avoir tout fait pour le succès, il l'avait plutôt compromis par une manœuvre peu réfléchie. Lorsque plus tard Villars revit le roi, il fut question de ce mauvais procédé de M. d'Usson ; mais il faut voir comme Villars parle de ses ennemis sans fiel et d'un air de magnanimité ; il n'est pas de la même humeur que Saint-Simon :

« Sa Majesté me parla d'un officier qui, dans le dessein de se donner les honneurs de la victoire d'Hochstett, lui avait dépêché un courrier avant le mien pour lui en annoncer la nouvelle. Je le jugeai indigne de ma colère, et répondis seulement à Sa Majesté que l'on pouvait lui pardonner d'avoir manqué à son général, puisque le bonheur d'être le premier à annoncer une bonne nouvelle tourne quelquefois la tête ; mais que cette action, qui pouvait être blâmée, était cependant une des plus raisonnables qu'il eût faites. »

Villars en était venu à se défier de la fidélité de l'Electeur dans l'alliance, tant il le voyait indécis, mal entouré, et sollicité en sens contraire par sa famille et par ses proches ; il craignait d'un moment à l'autre une défection : « Cette bataille empêche un grand changement, » écrivait-il à Chamillart au lendemain d'Hochstett ; et il ajoutait :

« Je crois devoir vous supplier, monsieur, de représenter à Sa Majesté qu'il est bon qu'elle paraisse entièrement satisfaite de la valeur de M. l'Electeur, de celle du comte d'Arco, des troupes de M. l'Electeur, bien que dans la chaleur du combat je n'aie pu m'empêcher de me plaindre un peu de leur flegme (1). »

Cependant l'éclat et le bruit de cette bataille d'Hochstett, livrée et gagnée en quelque sorte malgré l'Electeur, ne faisaient, militairement, que procurer un répit ; il fallait en revenir toujours à l'idée d'un secours prochain et indispensable, ou tout au moins d'une diversion. Villars était à bout de patience, et son désaccord avec l'Electeur et avec les favoris de ce prince ne pouvait aller plus loin sans que l'alliance s'en ressentît. Il avait, disait-il, plus d'esprits encore à combattre que d'ennemis. Il de-

---

(1) Je dois la connaissance de cette lettre inédite à M. Dussieux.

mandait à la Cour son rappel, et Louis XIV, voyant
l'incompatibilité arrivée à ses dernières limites, et
craignant quelque rupture, y consentit assez aisément. Ce rappel lui fut accordé d'ailleurs dans les
termes d'une entière satisfaction.

Marcin plus souple vint le remplacer, et à moins
d'un an de là on s'aperçut trop de l'absence de Villars, lorsqu'on perdit la seconde bataille d'Hochstett
sur le même terrain où il avait gagné la première.
Villars rentra en France par la Suisse. Saint-Simon
lui reproche d'y être rentré avec ses coffres pleins,
et il fait en même temps un grand éloge de Marcin,
« lequel fut, dit-il, parfaitement d'accord en tout
avec l'Electeur, et au gré des troupes et des officiers
généraux, et très-éloigné de brigandage. » Si Marcin eut des qualités ou même des vertus, on ne prétend pas les lui ôter ; mais de cet esprit complaisant,
de ce si parfait accord avec l'Electeur, ainsi que de
la condescendance de M. de Tallard, il résulta en
définitive le désastre du second Hochstett et la perte
totale de l'armée française. Il serait pénible de dis-
cuter le degré des torts de Villars sur une matière
aussi délicate que celle des deniers provenant des
contributions forcées, et il serait certainement difficile de le justifier. La morale moyenne de son temps
et les usages de la guerre, invoqués à titre de circonstances atténuantes, ne fourniraient que de faibles réponses : il vaut mieux passer condamnation.
Il était, à certains égards, peu scrupuleux. Ce sera

surtout dans sa campagne d'Allemagne de 1707, où
il put se répandre en toute liberté par delà le Rhin,
qu'il appliquera en grand sa méthode de contributions et son organisation de la maraude en pays ennemi :

« Je tirai de très-grosses sommes, nous dit-il lui-même,
dont je continuai à faire l'usage que j'avais fait de toutes les
autres. Je les avais divisées en trois parts : la première ser-
vait à payer l'armée, qui ne coûta rien au roi cette année
(1707) ; avec la seconde je retirai les billets de subsistance
qu'on avait donnés l'année dernière aux officiers, faute d'argent, et j'en envoyai une grosse liasse au ministre des finances ; je destinai la troisième à *engraisser mon veau* (son
château de Vaux) : c'est ainsi que je l'écrivis au roi, qui eut
la bonté de me répondre qu'il approuvait cette destination,
et qu'il y aurait pourvu lui-même si je l'avais oublié. »

Un courtisan ayant dit de manière à être entendu
du roi : « Le maréchal de Villars fait bien ses affaires. » — « Oui, mais il fait bien aussi les miennes,»
repartit Louis XIV. Voilà tout ce qu'on peut dire à la
décharge de Villars. Il ne se cachait nullement de ses
profits ni de la source, et dans un compte de sa fortune qu'il adressa au roi en 1705 sans qu'on le
lui demandât, il faisait monter le produit des *sauve-*
gardes dans l'Empire à deux cent dix mille
livres. — Il est plus agréable de se reporter sur
ses grandes qualités de capitaine, et lui-même il est
le premier à nous y convier et à nous avertir que
c'est là le côté principal par lequel il convient de
considérer surtout un homme de son métier, lors-

qu'écrivant à l'un de ses amis pendant cette campagne du Danube, il dit avec une vive justesse :

« Mais à propos (il venait de citer le nom de M. de Feuquières), pourquoi ne s'en sert-on pas de ce Feuquières ? Je vous le donne pour officier général très-entendu et des meilleurs. Je sais qu'il aurait ardemment désiré de servir, même depuis qu'on a fait des maréchaux de France. On dit qu'il est méchant : et qu'importe au roi que l'on soit méchant ? Vous trouverez les qualités du plus grand général du monde dans un homme cruel, avare, perfide, impie. Qu'est-ce que tout cela fait ? J'aimerais mieux, pour le roi, un bon général qui aurait toutes ces pernicieuses qualités, qu'un fat que l'on trouverait dévot, libéral, honnête, chaste, pieux. Il faut des hommes dans les guerres importantes ; et je vous assure que que ce qui s'appelle des hommes sont très-rares. »

Il était très-frappé de cette rareté des hommes, surtout à mesure qu'on s'élève dans le grade et dans l'échelle, et qu'on leur demande davantage. Il était très-bon connaisseur en telle matière, et savait à quoi l'on pouvait appliquer chacun, et aussi que *chacun* n'est pas toujours le même ; il a de curieuses paroles à ce sujet, et qui montrent qu'il y a un moraliste caché intérieur dans tous les chefs qui ont le don du commandement :

« Ce que je connais tous les jours dans la pratique des hommes, écrit-il à Chamillart, c'est que l'on ne les connaît point. Je suis quelquefois forcé de me rendre à cette opinion des Espagnols, laquelle j'ai toujours combattue, qui veulent que l'on dise : *Cet homme était brave ce jour-là*. Ce qu'il y a de bien certain, c'est que la vertu ferme, solide,

constante, est bien rare. Si par hasard vous la trouvez soute-
nue de quelque génie, ne la rebutez pas pour les défauts
dont elle peut être accompagnée. »

Ainsi nous voyons insensiblement se dessiner tout
entier Villars et par ses actes et par ses paroles. Nous
ne croyons pas à tout ce qu'il dit, et il va un peu
loin à sa louange lorsqu'en un moment d'effusion il
croit faire son portrait en deux mots : « Je n'ai pas
l'honneur d'être encore bien connu de Sa Majesté.
Qu'elle ne craigne jamais que mon intérêt particulier
ait la moindre part à mes actions : j'ose dire que je
suis né véritable et vertueux. » Villars ici se pavoise
trop ; il donne évidemment à ce mot de *vertu* l'accep-
tion toute personnelle qui sied à Villars. Mais il n'est
que dans le vrai lorsqu'après la victoire d'Hochstett,
réclamant son congé du roi et se plaignant de n'être
plus écouté, souffrant de tant de fautes, et de celles
qu'on fait sous ses yeux et de celles qu'on va faire,
il lui échappe ce mot qui trouverait si souvent son
emploi : « Heureux, Sire, heureux les indolents ! »

Villars rentré en France vit tous les grands commandements se distribuer pour l'année 1704 sans en
obtenir : le roi le destinait à une mission assez sin-
gulière et de confiance. On l'envoya, tout maréchal
de France qu'il était, dans les Cévennes pour avoir
raison des fanatiques révoltés et pour extirper du
cœur du royaume cette guerre civile religieuse qui
devenait une complication fort maligne à cette heure
d'une guerre générale extérieure. « On envoie un

empirique, disait-il gaiement, là où les médecins ordinaires ont échoué. » Il prit d'ailleurs sa mission très au sérieux, et eut dès l'abord des idées saines et justes sur l'esprit qu'il convenait d'y apporter :

« Je me mis dans la tête de tout tenter, d'employer toutes sortes de voies, hors celle de ruiner une des meilleures provinces du royaume ; et même que si je pouvais ramener les coupables sans les punir, je conserverais les meilleurs hommes de guerre qu'il y ait dans le royaume. Ce sont, me disais-je, des Français, et très-braves et très-forts, trois qualités à considérer. »

Cette partie des Mémoires qui traite de la guerre des Cévennes est très-intéressante : Villars divise les Camisards en différentes catégories, ainsi que les catholiques eux-mêmes. Il analyse très-bien le fanatisme à ses divers degrés, et distingue le véritable du faux. Il se rend un compte exact de la manière dont il faut agir avec chaque espèce et chaque nature d'individus parmi les révoltés. Enfin il proportionne la guerre à cet échiquier nouveau, et s'attache à en ôter le dégoût aux officiers, leur donnant lui-même l'exemple de commander en personne une poignée d'hommes. Villars, de plus, ne méprise point son ennemi, si bas qu'il le voie d'apparence, et il apprécie Cavalier, ce paysan de vingt-deux ans à qui la nature a donné le génie et les qualités du commandement : il n'hésite pas à conférer avec lui : « C'est un bonheur, dit-il, si je leur ôte un pareil homme. » On

voit qu'il n'aurait pas hésité à en faire un de ses lieutenants dans les guerres.

Par un mélange de fermeté, de vigueur et de to-
lérance, d'adresse à manier les esprits et de discours
appropriés, « offrant la grâce à ceux qui se soumet-
taient, ne faisant point quartier à ceux qui résistaient,
et surtout ne leur manquant jamais de parole, » Villars réussit, de concert avec M. de Bâville, à tout
éteindre, à tout apaiser. Au milieu de la rigueur nécessaire, il s'y montre assez humain, bon politique,
observateur éclairé et curieux des cerveaux en dé-
lire, nullement présomptueux : « Quand on a, dit-il,
à ramener un peuple qui a la tête renversée, on ne
peut répondre de rien que tout ne soit consommé. »
Témoin des phénomènes physiologiques les plus bi-
zarres, des tremblements convulsifs des prophètes et
prophétesses, il est un de ceux dont la science invo-
quera un jour le témoignage :

« J'ai vu dans ce genre des choses que je n'aurais jamais
crues si elles ne s'étaient passées sous mes yeux : une ville
entière, dont toutes les femmes et les filles, sans exception,
paraissaient possédées du diable. Elles tremblaient et pro-
phétisaient publiquement dans les rues. J'en fis arrêter vingt
des plus méchantes... »

Il voit des gens jusque-là réputés fort sages, un maire
d'Alais, par exemple, à qui la tête tourne subitement
et qui se croit prophète à côté d'une prophétesse,
fou d'ailleurs sur ce seul point et sensé sur tous les
autres, comme Don Quichotte, qui ne déraisonnait

que quand il était question de chevalerie errante. Villars est d'avis d'étouffer le plus qu'on peut ces sortes d'aventures, qui, en éclatant, ne peuvent que mettre en branle les autres fous ou capables de le devenir.

Cinq des principaux officiers du chef camisard Roland ayant été arrêtés vifs, on les exécuta avec tout l'appareil effrayant de la justice d'alors. Les réflexions que Villars adressait au ministre à ce sujet sont d'un grand sens :

« On les destina à servir d'exemple : mais la manière dont Maillé reçut la mort était bien plus propre à établir leur esprit de religion dans ces têtes déjà gâtées qu'à le détruire. C'était un beau jeune homme, d'un esprit au-dessus du commun. Il écouta son arrêt en souriant, traversa la ville de Nîmes avec le même air, priant le prêtre de ne pas le tourmenter ; et les coups qu'on lui donna ne changèrent point cet air, et ne lui arrachèrent pas un cri. Les os des bras rompus, il eut encore la force de faire signe au prêtre de s'éloigner ; et tant qu'il put parler, il encouragea les autres. Cela m'a fait penser, ajoutait Villars, que la mort la plus prompte à ces gens-là est toujours la plus convenable ; qu'il est surtout convenable de ne pas donner à un peuple gâté le spectacle d'un prêtre qui crie, et d'un patient qui le méprise ; et qu'il faut surtout faire porter leur sentence plutôt sur leur opiniâtreté dans la révolte que dans la religion. »

D'après ce principe, et sur son conseil, on supprima les supplices, dont il avait fait ralentir l'usage dès son arrivée en Languedoc.

Parlant des derniers rebelles qu'on réduisit, Villars laisse échapper un mot qui est bien d'un noble soldat : « Ravanel, dit-il, mourut de ses blessures dans une caverne ; La Rose, Salomon, La Valette, Masson, Brue, Joanni, Fidel, de La Salle, *noms dont je ne devrais pas me souvenir*, se soumirent, et je leur fis grâce, quoiqu'il y eût parmi eux des scélérats qui n'en méritaient aucune. » On sent, à ce simple mot de regret d'avoir pu loger de tels noms dans sa mémoire, le guerrier fait pour des luttes plus généreuses et pour la gloire des héros, celui qui a hâte de jouer la partie en face des Marlborough et des Eugène.

Villars allait se retrouver à sa vraie place : toutefois, cette mission des Cévennes et le caractère qu'il y déploya ne le diminuent point à nos yeux. Lui aussi, tout le prouve, il eût pu être à son heure un utile pacificateur dans nos Vendées.

Il insistait auprès de Chamillart et du roi pour être employé d'une manière conforme à ses talents et à son ardeur : « Je vous avoue, écrivait-il au ministre, que l'amour-propre voudrait quelquefois qu'on ne trouvât pas tous les hommes égaux. » Faute de mieux, dans cet intervalle de campagne, il imagina un moyen de signaler son dévouement et sa reconnaissance, sous prétexte qu'il venait d'être nommé chevalier de l'Ordre : « En réfléchissant, dit-il, à ces bontés du roi et à l'état du royaume, calculant aussi mes revenus et comptant avec moi-même, je crus pouvoir faire une proposition dont l'acceptation m'aurait comblé de joie. » En conséquence, il envoie l'état de sa fortune à Chamillart et le supplie d'obtenir du roi qu'il veuille accepter en don la somme totale de ses revenus personnels et pensions, le tout montant à soixante et onze mille livres par an, et cela jusqu'à la paix générale, se devant contenter, pour ses dépenses, de son traitement annuel comme commandant d'armée. Le roi remercia Villars et n'accepta point. Chamillart, à titre de contrôleur général, lui répondit avec esprit :

« Cependant, comme il ne serait pas juste que vous eussiez fait voir de l'argent au contrôleur général des finances sans qu'il vous en coûtât quelque chose, c'est un peu de temps que je vous demande, et de ne me pas tenir rigueur sur la régularité des payements. »

On trouvera, si l'on veut, que c'est de la vanité à Villars d'avoir fait cette proposition extraordinaire. Vanité tant que l'on voudra ! mais d'autres n'eussent point mis la leur en tel lieu, et si on l'eût pris au mot, la sienne était utile à l'Etat. Laissons aux actions humaines, pourvu qu'elles soient bonnes, leurs motifs divers : socialement parlant, n'ôtons point au navire ses plus hautes voiles.

Villars fut chargé, en 1705, du commandement de l'armée de la Moselle et de pourvoir à la sûreté de cette frontière, la plus menacée. Il fit là, de l'aveu de ses ennemis et de Saint-Simon lui-même, une campagne digne des plus grands généraux. L'hiver durait encore, qu'il visita avec grand soin le pays,

« sans négliger un ravin, un bouquet de bois, un
ruisseau, un monticule, une fondrière. » Les gros
approvisionnements que l'ennemi faisait à Trèves l'a-
vertirent que c'était sur lui que porterait l'effort de
la campagne. Villars s'occupe aussi, comme il faisait
toujours, du moral de son armée et y réforme les
abus, y raffermit la discipline. Bien préparé, bien
fixé sur le poste à prendre, et s'attendant d'un jour
à l'autre à avoir affaire à Marlborough, il tient à
savoir les intentions du roi touchant une bataille ; ce
n'est pas un batailleur à tout prix que *l'audacieux*
Villars : « Il y a des occasions, écrit-il à Chamillart,
où c'est prudence de la chercher, quand même on
la donnerait avec désavantage. Il y en a d'autres où
paraissant toujours chercher le combat, il faut cependant manquer plutôt une occasion que de ne se la
pas donner la plus favorable qu'il est possible. » Dans
le cas présent, si l'ennemi prête flanc par quelque
fausse démarche, il en profitera, c'est tout simple ;
mais à chances égales, là où il n'y aurait ni avantage
ni désavantage évident à l'attaque, il tient à savoir
l'intention du roi. Or cette intention, c'est avant
tout que la frontière soit couverte, que, placé entre
Villeroy qui commande en Flandre et Marcin qui est
en Alsace, Villars, qui tient le centre à Metz et à
Thionville, veille de tous côtés, fortifie au besoin les
autres généraux s'ils sont menacés, soit secouru
d'eux s'il leur fait appel, et que ce parfait concert
défensif déjoue les manœuvres combinées des adver-

saires. Villars va s'appliquer à remplir de tout point
le programme : confiant avec raison dans la position
qu'il s'est choisie à Haute-Sierck, il a l'œil à tout,
observe les moindres mouvements des ennemis, et
cherche à deviner ce qu'il ne voit pas : « Enfin, Sire,
je tâche d'imaginer tout ce que peuvent faire les ennemis, et Votre Majesté doit être persuadée que l'on
fera humainement tout ce qui sera possible. » Marlborough s'ébranle avec une armée composée d'Anglais, de Hollandais et d'Allemands, qu'il disait
être de cent dix mille hommes, et que Villars
estimait de quatre-vingt mille, et publiant bien
haut qu'il allait attaquer les Français. Le 3 juin
il était en vue de l'armée du roi. Il fit dire ga-
lamment à Villars qu'il espérait voir une belle campagne, puisqu'il avait affaire à lui. « Ils croyaient
m'avaler comme un grain de sel, » nous dit Villars.
Pour lui, bien inférieur en nombre, il ne se laissa
point imposer et ne se piqua point non plus d'honneur
hors de propos ; il attendit sous les armes, ne devan-
çant rien, acceptant ce qu'il plairait à l'ennemi d'offrir, n'essayant pas de le décourager d'une bataille,
et ne faisant élever des retranchements qu'à l'endroit
le plus faible de sa ligne. Qu'attendait Marlborough
pour agir ? il attendait l'arrivée du prince de Bade
et du corps de troupes que ce général avait détaché
de l'armée du Rhin. Plusieurs jours se passèrent en
reconnaissances et en escarmouches. Marlborough
était étonné de la contenance des troupes françaises

qu'il ne s'était pas figurées si vite rétablies des dernières campagnes, et qui, par la fierté de leur abord,
lui imposaient ce retard :

« Elles n'ont jamais été si belles, écrivait Villars au roi
durant ces journées de noble attente (13 juin), ni plus remplies d'ardeur. J'ose dire, Sire, que je sais et pratique ce
qui peut inspirer et conserver cette ardeur. On a voulu me
presser de faire retrancher ce camp dans de certains endroits dès les premiers jours. Je savais qu'à tout événement
j'en aurais le temps, que cela même ne m'était pas absolu-
ment nécessaire quand les ennemis n'auraient que douze à
quinze mille hommes plus que moi.

« Si le prince de Bade joint Marlborough, comme tous
les divers avis le portent, alors je ferai des ouvrages qui me
donneront toujours le temps de prendre mon parti, si je ne
m'en tiens pas à celui de les attendre où je suis..... Mais
quand nos troupes apprendront qu'il est arrivé quinze mille
hommes de renfort aux ennemis, alors je leur dirai : «Faisons,
« puisqu'ainsi est, quelques redans de plus. » Si je les avais
faits d'avance, et que les quinze mille hommes arrivassent
ensuite, des bastions ne les rassureraient pas. »

Villars estimait son armée de cinquante-deux mille
hommes bien effectifs et excellents :

« Votre Majesté peut compter sur cela, vos troupes tenant
de bons discours, s'estimant fort au-dessus de celles des ennemis. Cet esprit, Sire, est dans l'armée ; peu ou point de
désertion, une assez grande dans les ennemis, nos troupes
bien payées, le pain, la viande bien fournis, le soldat gai.»

Ces lettres de Villars au roi sont fort belles et à
lire d'un bout à l'autre ; elles lui font plus d'honneur
encore par leur simplicité, par l'application de détail

et la vigilance dont elles témoignent, que les passa-
ges plus piquants et plus vifs insérés dans ses Mémoires. Villars gagne à être contenu, à ne pas se
montrer trop fastueux.

Marlborough, avec ses trente mille hommes de
plus que l'armée du roi, restait toujours dans l'inaction. Entre les deux généraux en chef rivaux, les
procédés d'ailleurs étaient sur un pied de chevalerie
courtoise : «M. de Marlborough, écrivait Villars, m'a
envoyé quantité de liqueurs d'Angleterre, de vin de
palme et de cidre ; on ne peut recevoir plus d'hon-
nêtetés. J'ai renchéri autant qu'il m'a été possible.
Nous verrons comme les affaires sérieuses se passe-
ront. »

Ces choses sérieuses ne vinrent pas. Toute l'Eu-
rope avait les yeux tournés sur les affaires de la Moselle, et l'on s'attendait chaque jour à un choc terri-
ble. Villars y était tout disposé, lorsque, dans la nuit
du 16 au 17 juin, treize jours après son arrivée,
Marlborough leva le camp sans bruit, et, par une
retraite précipitée, fit repasser à son armée la Sarre
et la Moselle. Ainsi, pour lors, avorta ce grand effort
de la ligue Européenne. Tout l'honneur de l'avoir
conjuré revient à Villars, à sa fermeté, à son choix
d'un bon poste, à sa sagesse à s'y maintenir, à l'esprit excellent dont il avait animé ses troupes, et qui
fit perdre à l'adversaire l'idée qu'on les pût entamer.
« Mes affaires, par le parti que vous avez obligé le
duc de Marlborough de prendre, lui écrivait Louis XIV

satisfait, sont au meilleur état que je les pouvais désirer ; il ne faut songer qu'à les maintenir jusqu'à la fin de la campagne ; si elle était heureuse, je pourrais disposer les choses de manière à la finir par quelque entreprise considérable. » Marlborough, en s'éloignant, crut devoir s'excuser auprès de Villars même (une bien haute marque d'estime) de n'avoir pas plus fait ; il lui fit dire, par un trompette français qui s'en revenait au camp, qu'il le priait de croire que ce n'était pas sa faute s'il ne l'avait pas attaqué, qu'il se retirait plein de douleur de n'avoir pu se mesurer avec lui, et que c'était le prince de Bade qui lui avait manqué de parole.

Villars avait pour maxime « que sitôt qu'on cesse d'être sur la défensive, il faut se mettre sur l'offensive. » Il se remit donc en campagne activement, et, réuni au maréchal de Marcin, il eut à opérer dans les mois suivants sur le Rhin et sur la Lauter, en face du prince Louis de Bade ; mais il eut la prudence de ne compromettre en rien le succès glorieux qu'il avait obtenu :

« Leurs généraux, écrivait-il au roi parlant des ennemis, sont persuadés que je ne perdrai pas la première occasion de les combattre. Je n'oublierai aucune démonstration pour les confirmer dans cette opinion. Cependant, Sire, en prenant tous les partis apparents de hauteur, je ne m'écarterai pas de ceux de sagesse ; il me paraît que c'est l'intention de Votre Majesté... Cependant les troupes de Votre Majesté conserveront tout l'air de supériorité qu'elle peut désirer, et qu'elle est accoutumée de voir dans ses armées. »

Le roi aurait bien voulu terminer cette campagne,
il vient de le dire, par quelque entreprise considérable, telle que le siége de Landau par
exemple; n'étant pas militaire, Louis XIV demandait quelquefois à ses généraux des choses impossi-
bles. Villars, très-prudent quand il le faut, répond
au roi par toutes sortes de raisons bien déduites. C'est
tout ce qu'il peut faire de tenir le prince de Bade en
échec; car dès qu'il est en force et à la veille de pouvoir tenter quelque chose de hardi, on l'affaiblit en
lui retirant de ses troupes pour les envoyer à l'armée de Flandre; on lui en rend dès qu'on le voit
trop faible et en danger d'être accablé, mais pour les
lui reprendre bientôt encore. Ainsi s'achève cette
campagne, en marches et contre-marches, et dans
une continuelle observation. Il en est un peu triste
sur la fin; il avait du moins pour se consoler l'honneur des journées de Haute-Sierck et du décampe-
ment de Marlborough, cet honneur sans hasard et
pour le moins égal en mérite à une victoire.

L'année suivante (1706) fut désastreuse pour la
France sur toutes les frontières : Villars seul se main-
tint sur la sienne sans échec, et même avec avantage.
Le roi, surtout occupé de l'armée de Flandre dont il
avait confié le commandement à l'Electeur de Bavière et à Villeroy, deux maladroits et malhabiles,
ne demandait à Villars affaibli qu'une défensive heureuse. Villars en souffrait; il n'était pas de ces généraux pour qui c'est assez d'être et de subsister. Il ré-

vait mieux, même dans son état de faiblesse ; il avait
conçu cette fois l'idée du siége de Landau, qu'il savait,
à un moment, dégarni d'artillerie et qu'il comptait
prendre en dix jours, lorsque la nouvelle du désastre
de Ramillies vint tout arrêter. Villars, à ce triste événement, eut des accents patriotiques : il hasarda des
conseils ; il représenta l'impéritie militaire, à lui bien
connue, de l'Electeur. Il en écrivit à Chamillart, à
Mme de Maintenon ; à celle-ci il disait :

« Je m'offrirais, madame, et mon zèle me ferait servir sous
tout le monde : mais j'aurai l'honneur de vous dire avec la
même liberté que je ne suis pas un trop bon subalterne. Vous
croirez que c'est par indocilité : non, madame ; mais je ne
suis ni mes vues ni mon génie sous d'autres. Ainsi je ne puis
me flatter que je fusse d'une grande utilité sous le duc de
Bavière et le maréchal de Villeroy. »

C'est alors que Villeroy lui-même se rendant justice et se retirant, il y eut un mouvement dans le
choix des généraux, et Villars fut désigné par Louis XIV
pour servir sous le duc d'Orléans en Lombardie : il
refusa. Dans sa lettre au roi il s'excuse en peu de
mots et avec respect. Dans sa lettre au ministre, il
énumère ses raisons ; il rappelle qu'il n'est guère
propre à servir sous un autre et sous un prince. En
Italie il lui faudrait tout d'abord entrer dans un système de guerre qu'il n'a pas conçu et qui n'est pas
le sien :

« Présentement M. le duc de Vendôme a fait toutes ses
dispositions, lesquelles je crois être très-sages ; mais, quelque respect que j'aie pour ses projets, chacun a sa manière

de faire la guerre, et j'avoue que la mienne n'a jamais été
de vouloir tenir par des lignes vingt lieues de pays...

« Encore une fois, monsieur, si quelque chose allait mal
en Italie, j'y volerais... Il n'y a qu'à conserver; et si Sa Majesté, qui m'a dit autrefois elle-même et avec bonté les défauts qu'elle me connaissait, a bien voulu les oublier dans cette
occasion, il est de ma fidélité de les représenter. Permettez-
moi d'achever ma campagne ici. M. le maréchal de Marcin,
outre ses grands talents pour la guerre, a tous ceux qui sont
nécessaires pour bien ménager l'esprit d'un prince et celui de
sa Cour. De ces derniers talents-là, monsieur, je n'en ai aucun.

« J'espère donc, monsieur, que, persuadé par mes raisons
(j'en ai d'autres encore), vous voudrez bien porter Sa Majesté à honorer un autre plus digne d'un pareil emploi, et
m'excuser dans le public sur quelques attaques de la goutte,
qui me prit très-violemment il y a un an dans cette même
saison, et se fait un peu sentir présentement. »

D'après ce qu'on voit de ces lettres, il n'est donc
pas exact de dire avec Saint-Simon « que Villars mit
aux gens le marché à la main, et répondit tout net
que le roi était le maître de lui ôter le commandement de l'armée du Rhin, le maître de l'employer ou
de ne l'employer pas, etc. » Villars répondit avec
respect, en homme sensé et ferme, et comme un général qui ne veut pas se placer dans une position
fausse dont il prévoit à l'avance les inconvénients.

Le roi mécontent fut près d'insister et d'ordonner;
puis tout à coup il se ravisa. Villars reçut en même
temps un ordre réitéré de partir, et une lettre de
Chamillart datée de quelques heures après, qui ré-
voquait cet ordre et lui permettait de rester à la tête
de l'armée du Rhin.

J'ai hâte d'arriver aux grands faits des dernières
guerres de Villars. Je n'ai certes pas la prétention de
le suivre dans toutes ses campagnes ; mais il impor-
tait de relever dans le cours d'une carrière si pleine
les traits de caractère qui définissent cette humeur et
ce génie. Un principe m'a guidé en l'étudiant : sous
peine de rapetisser son objet et de voir d'une vue
basse, il faut avant tout chercher dans chaque homme
distingué, et à plus forte raison dans un personnage
historique, la qualité principale, surtout quand elle
a rencontré les circonstances et l'heure propice où
elle a eu toute son application et tout son jeu. C'est
ce que je tâcherai de faire jusqu'à la fin à l'égard
de ce grand militaire, qui était à la fois un homme
de beaucoup d'esprit.

IV. *Contributions en Allemagne.* — *Villars en Flandre.*
— *Impression de Fénelon.* — *Journée de Malplaquet.* —
Langueur et détresse. — *Belles paroles de Louis XIV.*
— *Action de Denain.* — *Retour de fortune.*

La campagne de 1707 au delà du Rhin a laissé
des souvenirs ; mais bien qu'ils se rattachent à des
succès, ils ne sont peut-être pas des plus glorieux
pour Villars. Ces succès furent rendus faciles par la
mort du prince de Bade. Villars, ayant passé le fleuve
vers le Fort-Louis, força les lignes de Bülh, où le
margrave de Baireuth ne l'attendit pas, puis poussa
l'armée impériale de poste en poste et fit une pro-
fonde incursion dans l'Allemagne au pas de course,

répandant au loin la terreur et rançonnant les villes
et les contrées. Villars s'y abandonna à toute sa hauteur et s'y accorda largement tous ses défauts. Sa
maxime était : « Il faut leur donner la loi, je sais
comme l'on mène les Allemands. » Il se faisait livrer les places, sans assaut ni siége et sans en avoir
les moyens, en intimidant les garnisons et le peuple.
Les baillis arrivaient de toutes parts dans son camp
pour traiter de la contribution et commencer les
payements. Ce fut une grande campagne financière.
On a cité sa réponse aux magistrats d'une ville, qui
lui présentaient les clefs d'argent, en lui disant hum-
blement que M. de Turenne dans une circonstance
pareille les leur avait rendues : « Messieurs, leur
répondit gravement le maréchal, M. de Turenne est
un homme inimitable ; » et il prit les clefs. — Il eût
désiré parfois plus de résistance et de rencontrer une
sérieuse action de guerre, afin de pouvoir rétablir dans
ses troupes un peu de discipline ; car lui-même ne par-
venait plus à être obéi. Le libertinage des soldats était
au comble ; ils se répandaient de toutes parts à l'intérieur des pays, qui devenaient déserts à leur approche.

Villars, ici, eût encore voulu prendre l'essor, et
pour peu qu'on s'y fût prêté à Versailles, il s'ouvrait à de vastes projets :

« Je ne sais, dit-il, jusqu'où j'aurais mené les ennemis si
un projet qui me roulait dans la tête eût réussi, et si on n'eût

pas diminué mon armée, déjà affaiblie par les garnisons que
j'étais obligé de laisser dans quelques places derrière moi,
pour assurer la communication avec mes ponts du Rhin. Ce
projet était de me joindre avec Charles XII, roi de Suède.
Après avoir fait élire Stanislas roi de Pologne, il s'arrêta en
Saxe, incertain, à ce qu'il paraissait, de quel côté il tourne-
rait ses armes, de l'Empire ou de la Russie. Je lui fis proposer secrètement de nous joindre à Nuremberg, et s'il l'eût
fait, jamais prince ne pouvait se flatter plus vraisemblable-
ment d'une grandeur sans bornes. »

Lorsqu'il vit en 1725, au château de Bouron près
de Fontainebleau, le roi Stanislas, père de la jeune
reine, Villars reçut de ce prince toutes sortes de té-
moignages flatteurs; on parla de Charles XII et de
l'estime particulière qu'il avait pour le maréchal :

« Je me souviens avec des regrets qui me sont toujours
sensibles, dit Stanislas à Villars, de l'année 1707, lorsque
ous le pressiez de marcher à Nuremberg avec son armée
qui était en Saxe, dans le temps que celle de France n'é-
tait qu'à vingt lieues de cette ville. Que ne suivit-il vos conseils! cette marche aurait décidé de l'Empire et de plusieurs
couronnes. »

Mais pour exécuter de tels rêves, il faut être plus
que général d'armée, il faut être soi-même un sou-
verain; et alors le contrepoids manquant, et si l'on
s'associe aux Charles XII, gare les aventures!

La campagne de 1707, sans mal finir, eut pourtant une conclusion peu grandiose ; Villars fut obligé
de raccourir à tire d'aile vers le Rhin pour s'opposer
aux troupes impériales qui, remises de leur première

frayeur, avaient marché de ce côté sur ses derrières.
On peut dire que cette campagne de 1707, tout utile
qu'elle fut à Louis XIV et à ses finances, ne servit
point à la bonne réputation de Villars, et, par les
scandales qu'elle causa, elle nuisit même d'une manière durable à sa considération : il aura beau faire
pour regagner une entière et solide estime, il n'aura
dorénavant à espérer que de la gloire.

En 1708, le duc de Bourgogne désira commander l'armée de Flandre, et, par suite de cette disposition, l'Electeur de Bavière dut passer au commandement de celle du Rhin. Villars étant, on l'a vu,
incompatible avec ce prince, on le déplaça et on le
mit à la tête de l'armée qui défendait la frontière
des Alpes du côté du Dauphiné contre le duc de Savoie. Cette destination sur un terrain tout nouveau,
et qu'il n'avait jamais étudié, lui agréait peu. Il suf-
fira de dire qu'il s'acquitta de sa mission sans trop
d'échecs et avec des succès partagés.

Enfin, après les revers de 1708 et le calamiteux
hiver qui suivit, Louis XIV se décida, par raison d'é-
conomie, à ne plus mettre de princes du sang à la
tête de ses armées, et Villars fut envoyé pour commander en Flandre, à la frontière la plus exposée.
C'était le théâtre auquel il aspirait le plus et où son
ambition allait trouver tout son emploi ; car c'est là
que se portaient les grands coups et que se jouait le
sort du royaume. Les affaires d'ailleurs, au moment
où il les prit en main, étaient dans la situation la

plus déplorable. La perte de Lille, où Boufflers avait
rencontré l'occasion de faire éclater sa vertu personnelle, avait été un grand et fatal exemple d'impuis-
sance et de faiblesse de la part de nos généraux : on
n'avait rien fait avec une armée toute voisine, pour
secourir une place de cette importance. La désunion
entre le duc de Bourgogne et M. de Vendôme était
allée jusqu'au scandale. La démoralisation, commencée par la tête du corps, avait gagné tous les
membres, et c'est encore dans les derniers rangs,
parmi les officiers subalternes, qu'il fallait chercher
ce qui restait de ressort et de constance. La misère
était extrême : point d'habits, point d'armes, point
de pain. Le pain surtout était l'inquiétude principale ;
c'est à quoi Villars dut pourvoir tout d'abord et durant toute la campagne. Il n'y avait pas de maga-
sins, et les subsistances n'arrivaient qu'au jour le
jour ; on n'en avait pas d'assurées pour deux journées à l'avance ; et ce n'était point la faute des in-
tendants, mais le grain manquait par tout le royaume,
et la famine n'était pas seulement dans l'armée :

« Imaginez-vous, écrivait Villars au ministre, l'horreur de
voir une armée manquer de pain ! Il n'a été délivré aujour-
d'hui que le soir, et encore fort tard. Hier, pour donner du
pain aux brigades que je faisais marcher, j'ai fait jeûner
celles qui restaient. Dans ces occasions, je passe dans les
rangs, je caresse le soldat, je lui parle de manière à lui faire
prendre patience, et j'ai eu la consolation d'en entendre plusieurs dire : *M. le maréchal a raison, il faut souffrir quelquefois.* »

Et encore :

« Tous les officiers de la garnison de Saint-Venant m'ont
demandé en grâce de leur faire donner du pain, et cela avec
modestie, disant : *Nous vous demandons du pain parce qu'il
en faut pour vivre ; du reste nous nous passerons d'habits et de
chemises.* »

Les nouvelles recrues, arrivées du fond des campagnes et des provinces du centre, d'où la misère les
chassait, furent une grande ressource, et ces natures
patientes, habituées à peiner et à pâtir sans murmure,
rendirent du nerf à l'armée.

La gaieté, que Villars appelait « l'âme de la nation, » il ne négligea rien non plus pour la leur
rendre, et il en avait lui-même sa bonne dose. Écrivant à M. de Torcy et lui exprimant la situation dans
toute sa nudité : « Je parle à un ministre, ajoutait-il,
car aux autres *je me fais tout blanc de mon épée et de
mes farines.* » Il était bien obligé de répandre des
bruits faux et d'imaginer, ne fût-ce qu'à l'usage de
l'ennemi, des arrivées de fonds ou de subsistances
qui n'existaient pas :

« Je me vis donc réduit à payer de hardiesse, je di-
rais presque d'effronterie, avec cinquante mille hommes de
moins que les ennemis, une petite artillerie de campagne
mal traînée, mal approvisionnée, contre deux cents bouches
à feu bien servies, et la frayeur perpétuelle de manquer de
pain chaque jour. *Panem nostrum quotidianum da nobis hodie,*
me disaient quelquefois les soldats quand je parcourais les
rangs, après qu'ils n'avaient eu que le quart et que demi-ration.

Je les encourageais, je leur faisais des promesses. Ils se contentaient de plier les épaules, et me regardaient d'un air de résignation qui m'attendrissait, mais sans plaintes ni murmures. »

Ecrivant à M. de Voisin, le successeur de Chamillart, il disait encore :

« Je fais ici la plus surprenante campagne qui ait jamais été : c'est un miracle que nos subsistances, et une merveille que la vertu et la fermeté du soldat à souffrir la faim. On s'accoutume à tout : je crois cependant que l'habitude de ne pas manger n'est pas bien facile à prendre. »

Enfin il avait si bien réussi à redonner du ton et de l'entrain à ses soldats qu'on les vit un jour de bataille, le matin de Malplaquet, jeter une partie du pain qu'on leur distribuait, n'en ayant eu qu'à peine la veille et l'avant-veille, pour courir plus légèrement à l'ennemi.

De tels résultats ne s'obtenaient pas sans bien des soins, de l'application, et sans une nature particulière de génie. Villars la possédait. Et ici je rencontre un nouvel et tout à fait imprévu adversaire et contradicteur, un juge sévère du glorieux général qui va sauver la France, et, avant d'aller plus loin, je sens le besoin de l'écarter, — je voudrais pouvoir dire, de le concilier : ce n'est rien moins que l'archevêque de Cambrai, Fénelon. Villars, durant ces années de campagne en Flandre, fit vers lui bien des avances ; Fénelon, tout en les accueillant d'un air de bonne grâce, réservait son jugement, et dans sa correspon-

dance particulière avec le duc de Chevreuse, dans
les mémoires et instructions confidentielles à l'usage
du duc de Bourgogne, on voit qu'il n'estimait point
Villars à sa valeur. Il appréciait son zèle et son cou -
rage, mais il augurait trop peu de son habileté; il le
croyait une tête légère, sans modération, toujours
prêt à se piquer d'honneur et à tout risquer au moindre mot de défi : « Le papillon, disait-il, se brûle à
la chandelle, » il le jugeait trop sur ses paroles
et ne lisait pas dans ses pensées. « Je vous assure,
monsieur, écrivait Villars au ministre en lui pei-
gnant sa situation, que ces contradictions (que je
rencontre) rendent le fardeau que j'ai bien pesant.
On ne vous mandera pas que par ma contenance je
donne lieu de croire que je le trouve tel; *mais on
passe de mauvaises nuits.* » Fénelon n'était pas dans
le secret de ces mauvaises nuits, et il en restait sur
l'air d'audace et de fête du personnage, sur ses
allures de bal et de plaisir aux plus graves moments. Et puis cette nature discrète et décente de
Fénelon, qui était le goût suprême, devait être cho-
quée de bien des outrecuidances de Villars. Il lui
reconnaît cependant de l'ouverture d'esprit, de la fa-
cilité à comprendre, « avec une sorte de talent pour
parler noblement, quand sa vivacité ne le mène pas
trop loin ; » et il ajoute « qu'il fait beaucoup plus
de fautes en paroles qu'en actions. » Après cela les
réflexions de Fénelon à son sujet sont antérieures à
Denain et aux victoires ; elles se ressentent trop des mau-

vais discours des officiers généraux qui servaient sous
Villars, et qui, dans leurs allées et venues, fréquen-
taient les salons de l'archevêché. Ces mauvais discours que Fénelon réprouve, tout en y cédant plus
qu'il ne croit, allaient à décrier le général en chef et
à lui ôter toute considération dans sa propre armée,
à l'*avilir*, comme dit énergiquement Fénelon. C'est
une difficulté de plus que Villars eut à combattre, et
il n'en est que plus méritoire à lui d'avoir su, au
milieu d'un tel dénigrement et de telles cabales d'é-
tat-major, ressaisir et retremper à ce point la fibre du
soldat.

Fénelon, ne l'oublions pas, inclinait à croire que
tout était perdu et sans ressources ; il le dit en termes nets, écrivant au duc de Chevreuse au commencement de 1710 : « La discipline, l'ordre, le courage, l'affection, l'espérance, ne sont plus dans le
corps militaire : tout est tombé, *et ne se relèvera
point dans cette guerre*. Ma conclusion est qu'il faut
acheter l'armistice *à quelque prix que ce puisse être*,
supposé qu'on ne puisse pas finir les conditions du
fond avant le commencement de la campagne. » Or,
l'honneur de Villars est précisément, par des moyens
qui étaient en lui et qu'il puisait dans sa nature assez
peu fénélonienne, d'avoir su remédier à ce découra-
gement universel et d'avoir tiré des étincelles d'hé-
roïsme là où les plus pénétrants ne voyaient plus
qu'une entière prostration.

En 1709, après avoir refait une armée, Villars sut

si bien choisir ses postes, et il en occupa d'abord un
si bon ou qu'il rendit tel, dans la plaine de La Bassée,
que les ennemis, bien que supérieurs de quarante
mille hommes, n'osèrent risquer une attaque ; après
l'avoir tâté, ils renoncèrent pour le moment à une
bataille et se rejetèrent sur le siége de Tournai, qu'ils
entreprirent. Ce ne fut qu'après la prise de cette ville
et de la citadelle qui, selon Villars, ne fut pas assez
opiniâtrement défendue (3 septembre 1709), que le
prince Eugène et Marlborough pensèrent à une
autre entreprise considérable, et ils se dirigèrent
vers Mons. L'heure d'une action générale décisive ne
pouvait plus se différer. Villars recevait en même
temps la nouvelle que le roi lui envoyait le maréchal de Boufflers pour être à côté de lui en cas d'accident et pour que l'armée ne restât point sans général en chef. Boufflers, bien que l'ancien de Villars
dans le maréchalat, consentait à servir sous lui
comme simple volontaire. Villars sentit le prix d'une
telle générosité, et entre Boufflers et lui tout se passa
dans les termes de la plus cordiale estime. Pour parer
aux mouvements de l'ennemi qui décidément en
voulait à Mons, Villars, rassemblant son armée, la
porta par delà Valenciennes, dans ces plaines boisées
que le nom de Malplaquet a rendues tristement
célèbres.

Qu'on ne s'y trompe point toutefois, Malplaquet
n'est point un de ces noms à jamais néfastes qu'on
doive hésiter à prononcer et dont le patriotisme ait à

souffrir, *infaustum Allia nomen* ; une de ces journées dont le poëte a dit, en les voilant d'une larme :

'Son nom jamais n'attristera mes vers !

Ce fut un combat de lions, et où, après une lutte acharnée de plus de six heures au débouché ou à l'intérieur des bois et dans des trouées retranchées, après avoir épuisé de part et d'autre toutes sortes de chances diverses et d'opiniâtres alternatives, le vaincu ne cédant que pied à pied, l'ennemi ne conquit que le champ de bataille et le droit de coucher au milieu des morts. Aucun des combattants ne se souvenait d'avoir vu une action si meurtrière. Boufflers commandait l'aide droite, Villars s'était réservé la gauche avec la direction de l'ensemble. Depuis sept heures et demie du matin (11 septembre) l'action était engagée, lorsque vers midi, averti par Saint-Hilaire que le centre dégarni était en danger d'être enfoncé, et se disposant à y pourvoir, Villars fut grièvement atteint d'un coup de mousquet au-dessous du genou, et il fallut l'emporter hors du combat.

« Il ne m'appartient pas de raisonner sur la guerre, et je n'ai garde de tomber dans ce ridicule, » dit quelque part, et à propos de Villars même, Fénelon. Ainsi dirai-je à mon tour, et par conséquent je laisserai toutes les discussions des Feuquières et autres connaisseurs sur les fautes qui purent être commises à Malplaquet ; si la disposition de la veille était bonne ; s'il n'eût pas mieux valu pour Villars prendre les

devants et attaquer résolûment le 9 ou le 10, au lieu
de recevoir le combat le 11. Remarquez que les Hollandais ont adressé juste le même reproche au prince
Eugène. Encore une fois, laissons ces raisonnements
à qui de droit. Ce qui paraît certain, c'est que l'ennemi eut vingt-cinq mille hommes tués ou blessés,
et nous quatorze mille ; que le vainqueur ne fut bien
assuré d'avoir gagné la bataille que le lendemain
12 au matin, quand il se vit tout à fait maître du
terrain, sur lequel, à la rigueur, nous aurions pu être
encore, ou que nous pouvions revenir lui disputer.
La retraite des deux ailes, vers deux ou trois heures
de l'après-midi, s'était faite régulièrement et sans
être inquiétée. « Notre canon, dit l'un des généraux de
l'artillerie, tira toujours sur l'ennemi jusqu'au dernier
moment de la retraite, et le contint si bien, que les
derniers coups qui se tirèrent en cette journée furent des coups de canon. » Le maréchal de Boufflers
eut toute raison d'écrire au roi de son camp de
Ruesne, dès le 11 au soir : « Je puis assurer Votre
Majesté que jamais malheur n'a été accompagné de
plus de gloire. » On lit dans la Relation de la bataille qui fut publiée par les Alliés (c'est-à-dire les
ennemis) : « On ne peut refuser au maréchal de
Villars la gloire d'avoir fait ses dispositions et mé-
nagé ses avantages avec autant d'habileté qu'un général pût jamais le faire. » L'honneur de nos armes
dans ces contrées, qui était resté comme accablé et
gisant sous le coup des défaites d'Oudenarde et de

Ramillies, se releva ; les adversaires, les Anglais surtout, avouaient qu'ils avaient, en ce jour, retrouvé les
braves Français, les Français d'autrefois, et qu'on
voyait bien qu'ils ne demandaient qu'à être bien menés
pour être toujours les mêmes. Villars, qui se flat-
tait que, sans sa blessure, on aurait remporté la victoire, ne se prévalait pas trop du moins lorsqu'il écrivait au roi : « Si Dieu nous fait la grâce de perdre
encore une pareille bataille, Votre Majesté peut
compter que ses ennemis sont détruits. » Enfin, quoiqu'on n'ait pu empêcher Mons d'être assiégé et pris
comme l'avait été Tournai, le royaume ne fut pas en-
tamé, et l'on espéra que la leçon donnée à l'arrogance
des Alliés, aux Hollandais particulièrement qui avaient
le plus souffert, rendrait la paix moins difficile.

Louis XIV écrivit à Villars (20 septembre) une lettre
d'une entière et magnanime satisfaction :

« Mon cousin, vous m'avez rendu de si grands et de si im-
portants services depuis plusieurs années, et j'ai de si grands
sujets d'être content de tout ce que vous avez fait dans le
cours de la présente campagne, en arrêtant par vos sages
dispositions les vastes projets que les ennemis avaient for-
més, et vous m'avez donné des marques si essentielles de
votre zèle et particulièrement dans la bataille du 11 de ce
mois, dans laquelle mes troupes, encouragées par votre bon
exemple, ont remporté le principal avantage (Louis XIV, on
le voit, accepte la version de Villars) sur nos ennemis, que
j'ai cru devoir vous témoigner la satisfaction que j'en ai en
vous accordant la dignité de Pair de France ; vous avez bien
mérité cet honneur, et je suis bien aise de vous donner cette
distinction comme une marque particulière de l'estime particulière que je fais de vous. »

D'Artagnan, de qui Villars avait rendu bon témoignage bien que ce ne fût point pour lui un ami,
fut nommé maréchal de France.

Tel était Villars et tel il nous apparaît les jours où
il se voyait malheureux et le plus maltraité par la
fortune. Si le sourire était permis en un tel sujet,
on sourirait à voir la manière dont il présenta constamment, et de plus en plus, cette affaire, après tout
sinistre, de Malplaquet. Il n'y a que lui pour raconter de cet air-là les batailles perdues. Dans son discours de réception à l'Académie, il ne fait allusion
qu'à une seule de ses grandes actions de guerre : vous
croyez que c'est de Denain et d'une victoire qu'il
veut parler, point du tout ; il y encadre et il y glo-
rifie le souvenir de Malplaquet. De Villars, la défaite
elle-même est triomphante.

Traité d'abord au Quesnoy pour sa blessure, Villars put être transporté à Paris au bout de quarante
jours : « Mon passage par les villes que je traversai
couché sur un brancard fut une espèce de triomphe. »
Arrivé à Paris, le roi l'envoya visiter et lui fit dire
qu'il le désirait à Versailles et qu'il lui destinait l'ap-
partement du prince de Conti. Lorsqu'il y fut établi,
le roi le vint voir, l'entretint pendant deux heures.
Mme de Maintenon le visitait presque tous les jours.
Elle avait du goût pour Villars, et aujourd'hui que
toutes les fantasmagories, les amas de sottises et
d'horreurs contre Mme de Maintenon sont tombés,
c'est assurément une bonne note pour lui que cette

amitié constante et cet appui, quelle qu'en soit l'ori-
gine première. Elle aimait sans doute en lui le fils
d'un des contemporains et des adorateurs de sa jeunesse; mais si ce fils n'avait pas eu du bon sens et de
la solidité sous ses airs légers, s'il n'avait pas eu du
fonds, elle ne lui aurait point été une si invariable
amie et protectrice. Le jugement de Mme de Maintenon sur Villars fait contre-poids à celui de Fénelon.
Durant cette campagne de 1709, elle lui écrivait
agréablement qu'en lui voyant faire tant de miracles,
on le regardait à Saint-Cyr comme un saint : « Je
vais demander à Dieu, avec les dames de Saint-Cyr,
de vous protéger et de vous rendre tel qu'elles croient
que vous êtes. »

Je serai plus bref sur les deux campagnes suivan-
tes (1710-1711). Nous n'avons plus ici, pour nous
guider, les *Mémoires militaires de la Guerre de la
Succession*, dont les derniers volumes ne sont pas publiés encore, et nous en sommes réduits à des témoi-
gnages abrégés ou incomplets. En présence des progrès croissants de l'armée coalisée, Villars était évidemment l'homme de la dernière bataille à livrer ;
mais on hésitait devant cette grande et suprême action décisive après laquelle, si l'on était vaincu, il n'y
avait plus de ressources. Lui, il avait l'air de la désirer beaucoup et de vouloir qu'on la lui permît,
qu'on la lui ordonnât ; mais il était lui-même trop
homme de sens pour l'engager à la légère. On lui
avait un moment donné pour second, dans cette pré-

vision d'une bataille prochaine, le maréchal de Berwick avec qui il vécut en bons termes, bien qu'ils
fussent quelquefois d'avis différents : « Je me doutais,
dit Villars, qu'il était chargé de tempérer ce qu'on
appelait ma trop grande ardeur : c'est pourquoi je
n'hésitais pas à proposer les projets les plus hardis,
persuadé qu'on en rabattrait toujours assez. » Dans
la première partie de cette campagne de 1710 il ne
put, malgré sa bonne envie, secourir et sauver Douai ;
dans la seconde partie il sut manœuvrer et se poster
assez bien pour empêcher le siège d'Arras, et l'on
en fut quitte pour perdre Béthune, Saint-Venant et
Aire. Ennuyé pourtant de voir prendre tant de places
sous ses yeux sans qu'il lui fût permis ou possible
d'agir, il revint d'assez bonne heure de l'armée sous
prétexte ou à cause de sa blessure. Il en était encore
très-réellement empêché : il restait à cheval cinq et
six heures de suite, mais il fallait l'y monter et l'en
descendre.

Cependant Villars ne cessait de représenter les inconvénients du misérable système qu'on suivait et le
terme fatal où il devait aboutir, du moment que la
paix n'était qu'un leurre et qu'elle reculait toujours.
On se ruinait en détail ; la frontière s'en allait pièce
à pièce ; on périssait également et sans honneur :

« Puisque la guerre est résolue, disait-il, tâchons de la faire
sur de meilleurs principes qu'elle n'a été faite depuis longtemps. Faisons quelques projets d'offensive ; car de parer
toujours à la muraille, c'est le moyen de ne jamais rien ga-

gner, et de perdre tous les jours peu ou beaucoup... S'il faut désespérer de la paix, espérons tout d'une guerre hardie : aussi bien on périt à la fin par la défensive. »

Il faisait remarquer que ce genre de guerre timide et circonspecte était le moins conforme au génie de notre nation, et que rien n'y compensait la souffrance et le danger :

« Enfin monsieur, écrivait-il à M. de Voisin, l'armée de Flandre n'est pas désirée par le soldat, et l'on en peut juger par la grande désertion des troupes qui ont eu ordre de s'y rendre. Une cause pour cela, c'est qu'on y meurt de faim l'hiver, et qu'on y est tué l'été : l'on peut n'être pas de ce goût-là sans passer pour extraordinaire. »

L'année 1711 fut peut-être la pire de toutes et la plus triste par l'absence de toute action et de toute velléité énergique. Villars avait les bras liés : lui qui passait pour chercher les occasions, il dut les refuser, et même quand elles s'offraient avec l'apparence d'un avantage. La mort de l'empereur Joseph et quelques indices avant-coureurs de la disgrâce de Marlborough firent croire à une paix possible; les négociations se ranimèrent, et on ne voulut rien hasarder sur un autre terrain. Les Alliés eux-mêmes semblaient un peu engourdis ; ils se contentèrent pour principal exploit de prendre Bouchain.

Il était temps que cette méthode rétrograde, injurieuse au caractère national et abaissante pour la France, eût un terme. Villars, en 1712, n'allait plus avoir affaire du moins qu'au seul prince Eugène, et sa Cour aussi devait lui laisser plus de liberté d'action. Louis XIV, en le recevant à Marly dans le courant de mars, au plus fort de tous ses deuils de famille, lui avait dit ces paroles qu'il faut savoir gré au maréchal de nous avoir textuellement conservées :

« Vous voyez mon état, monsieur le maréchal. Il y a peu d'exemples de ce qui m'arrive, et que l'on perde dans la même semaine son petit-fils, sa petite-belle-fille et leur fils, tous de très-grande espérance, et très-tendrement aimés. Dieu me punit, je l'ai bien mérité. J'en souffrirai moins dans l'autre monde. Mais suspendons mes douleurs sur les malheurs domestiques, et voyons ce qui se peut faire pour prévenir ceux du royaume.

« La confiance que j'ai en vous est bien marquée, puisque je vous remets les forces et le salut de l'Etat. Je connais votre zèle, et la valeur de mes troupes ; mais enfin la fortune peut vous être contraire. S'il arrivait ce malheur à l'armée que vous commandez, quel serait votre sentiment sur le parti que j'aurais à prendre pour ma personne ?...

« Je sais les raisonnements des courtisans : presque tous veulent que je me retire à Blois, et que je n'attende pas que l'armée ennemie s'approche de Paris ; ce qui lui serait possible si la mienne était battue. Pour moi je sais que des armées aussi considérables ne sont jamais assez défaites pour que la plus grande partie de la mienne ne pût se retirer sur la Somme. Je connais cette rivière : elle est très-difficile à passer ; il y a des places qu'on peut rendre bonnes. Je compterais aller à Péronne ou à Saint-Quentin y ramasser tout ce que j'aurais de troupes, faire un dernier effort avec vous, et périr ensemble ou sauver l'Etat ; car je ne consentirai jamais à laisser approcher l'ennemi de ma capitale. Voilà comme je raisonne : dites-moi présentement votre avis.... »

Ces paroles de Louis XIV ont été citées un peu

diversement ; il les redit au duc d'Harcourt pendant le siége de Landrecies, et il dut les répéter à peu près dans les mêmes termes : mais c'est à Villars qu'il est naturel qu'il les ait dites d'abord ; et il est mieux qu'on les lise de la sorte dans le langage grave et simple familier au roi, avec leur tour de longueur, et sans aucune ostentation, sans aucune posture à la Corneille.

Car notez bien une distinction, très-essentielle selon moi : si Louis XIV nous paraît avec raison un peu auguste et solennel, il était naturel aussi, il n'était jamais emphatique, il ne visait pas à *l'effet*. Dans le cas présent, ces paroles du grand roi sont d'autant plus belles qu'elles lui sortaient du cœur et n'étaient pas faites pour être redites. Et on en a la preuve assez particulière : lorsqu'en 1714 Villars fut nommé de l'Académie française et qu'il fit son discours de réception, il eut l'idée de l'orner de ces paroles généreuses de Louis XIV, à lui adressées avant la campagne de Denain, et qui l'y avaient enhardi. Il demanda au roi la permission de les citer et de s'en décorer. Le roi rêva un moment et lui répondit : « On ne croira jamais que, sans m'en avoir demandé permission, vous parliez de ce qui s'est passé entre vous et moi. Vous le permettre et vous l'ordonner serait la même chose, et je ne veux pas que l'on puisse penser ni l'un ni l'autre. »

Ce n'est pas Louis XIV qui manquera jamais à une noble et délicate convenance. Tout s'ajoute

donc, et même une sorte de modestie, pour rendre
plus respectable et plus digne de mémoire le sentiment qui dicta ces royales et patriotiques paroles.

La première partie de la campagne de 1712 fut
cependant marquée encore par des revers : le prince
Eugène assiégea et prit le Quesnoy, qui se défendit
mal. Mais le duc d'Ormond, qui avait succédé à
Marlborough dans le commandement des troupes an-
glaises, les emmena en se retirant. Eugène seul et
Villars restèrent en présence, et, comme l'a dit le
vieux Crébillon en des vers dont ce trait rachète l'in-
correction, Villars montra qu'avec *un foudre de
moins* Eugène pouvait être vaincu.

Eugène, plein de confiance, venait d'investir Landrecies, qui était de ce côté la clef du royaume ; il
tirait ses munitions et ses vivres de Marchiennes, un
peu éloignée, et croyait sa communication assurée
par le camp retranché de Denain. Villars, après avoir
étudié le terrain, suivant son principe « que, quand
on doit jouer une furieuse partie de paume, il faut
au moins connaître le tripot, » vit bien que d'attaquer Eugène dans ses lignes commencées de Landrecies était chose téméraire, et il se décida à porter
son effort contre le camp de Denain, qu'il savait plus
abordable, et dont le maréchal de Montesquiou (d'Artagnan) lui avait le premier parlé. Il fallait seulement
masquer ce projet jusqu'au dernier moment, donner
le change à Eugène, lui faire croire que c'était à lui
et à ses lignes de circonvallation qu'on en voulait : c'est

à quoi l'on réussit moyennant un grand secret gardé même avec plusieurs des généraux chargés de l'exécution. Dès le soir et dans la nuit du 23 juillet, Villars donna ses ordres et mit ses troupes en mouvement. A force de célérité, de hardiesse, de précision dans les mesures et de brusquerie dans l'attaque, tout se passa comme il l'avait réglé. On traversa l'Escaut sur des ponts improvisés ; on arriva à cette double ligne établie pour la sûreté des convois, et que les ennemis avaient appelée *le chemin de Paris ;* on assaillit d'emblée le camp surpris, et on défit totalement le corps qui y était retranché. Le prince Eugène, averti au matin du 24 que l'armée française n'était plus devant lui, accourut, mais trop tard, et pour assister à la défaite de sa réserve. Il voulut de colère faire attaquer les ponts de l'Escaut, ce qui ne se pouvait devant nos troupes qui bordaient la rivière. Il retourna sur Landrecies, comptant bien encore en pousser le siége ; mais Villars, profitant de son succès, se porta sur Marchiennes qu'il prit en quatre jours (30 juillet), et s'y empara de toutes les munitions et des approvisionnements d'Eugène ; la chance avait tourné. Tel fut l'effet merveilleux de cette contre-marche habile et soudaine que couronna le succès de Denain. Le mot que Villars avait redit si souvent à sa Cour durant ces dernières campagnes se trouva justifié : « Il ne faut qu'un moment pour changer la face des affaires peut-être du noir au blanc. »

Villars, libre enfin de se livrer à l'activité qui était

dans sa nature, assiégea et reprit en moins de quatre
mois, sous les yeux d'Eugène réduit à l'inaction,
Douai, le Quesnoy, Bouchain, les places que l'ennemi avait conquises sur nous en trois campagnes.
Il avait triomphé de l'envie et pleinement mérité la
gloire.

Dans le résumé des guerres illustres que Napoléon
a tracé en une quarantaine de pages, Villars obtient
une ligne, mais cette ligne est celle-ci : « Le maréchal de Villars sauva la France à Denain. » C'est là
le mot de l'histoire. La France était-elle alors, et à
cette époque avancée des négociations d'Utrecht, sous
le coup d'un danger aussi imminent que les années
précédentes ? De telles questions ne se posent pas. Oui,
Villars en sauvant Landrecies sauva la France ; il la
sauva certainement de l'humiliante nécessité de subir
les conditions de vainqueurs hautains et de clore la
plus magnifique des époques sur des désastres sans
consolation et sans mesure. Il montra, en la leur
disputant et en la leur arrachant à son jour, que
cette foudre de combat et de victoire, cette usurpa-
tion du tonnerre n'appartient sans réserve à aucun
mortel. Les images que la poésie de son temps lui a
prodiguées pour sa fière attitude dans cette lutte extrême lui sont bien dues.

L'année suivante, 1713, l'empereur hésitant encore
à signer sa paix particulière, Villars fut envoyé à
l'armée d'Allemagne, et, poussant sa veine, il n'y
eut que des succès. Les rôles étaient changés : le

prince Eugène, sans recrues, sans argent, était le spectateur forcé des pertes de l'Empire. Villars assiégea et prit Landau, Fribourg ; enfin, il conquit de ce côté la paix, et il mérita d'être envoyé sur cette fin d'année à Rastadt pour en régler les conditions avec le prince Eugène, puis à Bade pour la conclure (1714).

Il était au comble des honneurs et de la popularité. Il aurait bien voulu pour récompense l'épée de Connétable, cette épée de Du Guesclin, trop profanée par de Luynes, enterrée avec Lesdiguières, refusée à Turenne lui-même, et que lui, Villars, poursuivit toujours. Il aurait désiré du moins (car il ne faisait pas fi des pis-aller) être nommé chef du Conseil des finances, cette charge étant venue à vaquer en ce temps-là; mais elle fut donnée au maréchal de Villeroy. « Pour moi, madame, écrivait-il à ce propos à Mme de Maintenon, je me trouve toujours trop heureux quand je songe qu'ayant le bonheur d'approcher le plus grand et le meilleur maître du monde, je ne lui rappelle pas de fâcheuses idées ; qu'il peut penser : *Celui-là m'a plusieurs fois mis en péril, et cet autre m'en a tiré.* Que me faut-il de plus ? » Il lui eût fallu pourtant davantage. Les satisfactions de l'orgueil tranquille et désintéressé n'étaient point son fait. Il se plaignit au roi; il lui dit avec sa hardiesse ordinaire à demander, et avec cette aisance à parler pour soi qui serait la chose la plus impossible à des âmes de la race pudique de Catinat :

« Avant mon départ pour Bade, j'ai supplié Votre Majesté de vouloir bien se souvenir de moi lorsque la charge de chef du Conseil des finances viendrait à vaquer. Vous en avez honoré le maréchal de Villeroy. Je ne suis pas étonné, Sire, qu'une amitié de la première jeunesse ait prévalu ; mais enfin, Sire, après avoir été honoré des plus importantes marques de votre confiance, il ne me restera donc plus que d'aller chercher une partie de piquet chez Livry (1) avec les autres fainéants de la Cour, si Votre Majesté ne daigne pas me donner entrée dans ses Conseils. »

Louis XIV résista à ses instances, et s'en tira en l'embrassant par deux fois ; il chercha par toutes sortes d'égards et de bonnes grâces à dédommager Villars, à l'honorer ; on lui fit avoir la Toison d'or. Mais sur cette entrée dans les Conseils, le roi demanda du temps et se rejeta sur des arrangements futurs ; apparemment il jugeait que Villars, avec ses éminentes qualités de capitaine et même ses utilités de négociateur, n'était pas précisément un conseiller.

Il n'était pas non plus un caractère. Au lieu de rien demander après de tels services rendus, il n'avait qu'à s'abstenir, à se renfermer dans le sentiment de sa juste gloire ; mais alors il eût été un autre ; et il était surtout un talent, un beau zèle et une fortune.

_____

(1) Premier maître d'hôtel du roi.

V. *Villars au repos;—à l'Académie. — Une lettre de lui*
à Voltaire. — Maréchal-général, envoyé en Italie. —
Sa dernière parole.

On ne s'attend pas que je suive Villars dans les
dernières années de sa vie ; il avait soixante-deux ans
à la mort de Louis XIV, et il en vécut encore près
de vingt. Il eut une existence considérable, mais
sans influence politique réelle , quoiqu'il se flattât
d'en avoir. Il fut président du Conseil de la guerre,
membre du Conseil de Régence, puis du Conseil du
roi. « C'était, a dit Saint-Simon à qui je n'emprunte
que cette peinture physique, un assez grand homme,
brun, bien fait, devenu gros en vieillissant sans en
être appesanti, avec une physionomie vive, ouverte,
sortante, et véritablement un peu folle, à quoi la
contenance et les gestes répondaient. » D'humeur
gaie, l'air franc, spirituel et commode à vivre, il n'a-
vait pas de près tout ce qui commande le respect ou ce
qui concilie un entier attachement. Il abondait trop en
lui-même, il débordait. Dans ses discours, avec tous
les mots heureux qu'on lui a vus et les saillies qui lui
échappaient, il n'avait pas la netteté, et, à un certain moment, il s'embarrassait dans les digressions,
ce qui a fait dire à Fénelon « qu'il n'avait que des
lueurs d'esprit. » Il paraissait confus quand il n'a-
vait pas l'action en main pour s'éclaircir. Enfin il
n'était plus sur son vrai théâtre ; et plus d'un pouvait
dire, à tort, en l'approchant : « Ce n'est que cela ! »

A l'Académie française, où il allait quelquefois, et le plus souvent qu'il pouvait, il a laissé d'assez bons souvenirs : « Il paraissait, a dit d'Alembert, s'intéresser à nos exercices, opinait avec autant de goût que de dignité sur les questions qui s'agitaient en sa présence, et finissait toujours par témoigner à la Compagnie les regrets les plus obligeants de ce que la multitude de ses autres devoirs ne lui permettait pas de s'acquitter, comme il l'aurait voulu, de celui d'académicien. » Un jour, dans un de ces moments d'effusion comme il en avait volontiers, il demanda à ses chers *confrères* la permission, ne pouvant être aussi souvent qu'il l'aurait voulu parmi eux, de leur être présent au moins en peinture et de leur envoyer son portrait. Je laisse à juger si la proposition fut reçue avec acclamation et reconnaissance. Toutefois, après réflexion, on ne tarda pas à s'apercevoir qu'il n'y avait alors dans la salle de l'Académie d'autres portraits que ceux des deux ministres (1) et des deux rois protecteurs de l'Académie, et celui de la reine Christine. Le portrait de Villars introduit à côté des leurs allait donner à ce glorieux confrère un certain air de protecteur et de tête couronnée. M. de Valincour, avec son tact fin, fut le premier à le sentir ; il démêla à travers l'effusion de Villars une certaine adresse peut-être et une intention de gloire, l'ambition « d'être le seul académicien que la postérité vît

_____

(1) Le cardinal de Richelieu et le chancelier Séguier.

représenté à côté de Richelieu et de Louis XIV. »
M. de Valincour se réserva donc, le jour où l'Académie reçut le portrait du maréchal, d'offrir pour sa
part à la Compagnie ceux de Despréaux et de Racine, et, sans faire tort au héros, l'égalité académique, la dignité des Lettres fut maintenue.

Un des titres littéraires du maréchal de Villars à
nos yeux, c'est assurément son amitié déclarée pour
Voltaire. On sait qu'à l'une des premières représentations d'*Œdipe*, le poëte parut sur le théâtre portant
la queue du grand-prêtre. La maréchale de Villars,
qui y assistait, demanda quel était ce jeune homme
qui voulait faire tomber la pièce ; on lui dit que c'é-
tait l'auteur. Elle le voulut connaître ; il lui fut pré-
senté, et il l'aima bientôt d'une passion vive et sérieuse.
La maréchale de Villars, qui devait finir dans la vieillesse par une grande dévotion, paraît avoir été spirituelle autant qu'aimable. Lorsque le maréchal quitta,
en 1708, l'armée d'Allemagne, elle revint à Paris,
étant restée jusque-là, pendant les campagnes, à
Strasbourg, et il lui échappa de dire « qu'enfin elle
quittait le service. » Le maréchal, qu'on nous peint
si jaloux, ne paraît pas avoir été du tout inquiet de
Voltaire. Pendant ces années 1718-1724, le château
de Villars était devenu comme la maison du poëte.
On en a la preuve assez piquante dans une lettre
inédite du maréchal (1). Voltaire lui avait adressé

(1) J'en dois la communication à l'obligeance de M. Rathery.

une pièce de vers pour s'excuser de ne pouvoir aller
à Villars au printemps de 1722 ; sa mauvaise santé
l'avait engagé à se mettre dans les remèdes, entre
les mains d'un empirique appelé Vinache :

> Je me flattais de l'espérance
> D'aller goûter quelque repos
> Dans votre maison de plaisance;
> Mais Vinache a ma confiance,
> Et j'ai donné la préférence
> Sur le plus grand de nos héros
> Au plus grand charlatan de France.
> Ce discours vous déplaira fort,
> Et je confesse que j'ai tort
> De parler du soin de ma vie
> A celui qui n'eut d'autre envie
> Que de chercher partout la mort...

Mais vous et moi, c'est bien différent, continuait
agréablement Voltaire : si, en l'une de vos belles
journées, un coup de canon vous avait envoyé chez
Pluton, vous étiez sûr d'avoir toutes les consolations
magnifiques qu'on décerne aux fameux capitaines :
service solennel, oraison funèbre, et Saint-Denis peut-
être au bout :

> Mais, si quelque jour, moi chétif,
> J'allais passer le noir esquif,
> Je n'aurais qu'une vile bière;
> Deux prêtres s'en iraient gaîment
> Porter ma figure légère
> Et la loger mesquinement
> Dans un recoin du cimetière.
> Mes nièces, au lieu de prière,
> Et mon janséniste de frère,
> Riraient à mon enterrement...

C'est à cette pièce que Villars répond d'abord dans sa lettre que je donnerai en entier. Le commencement en est un peu recherché et fleuri ; le maréchal s'est mis en frais de littérature pour le poëte ; mais la suite est toute naturelle, gaîment familière et d'une extrême bonhomie :

« A Villars, le 28 mai 1722.

« Personne ne connaît mieux que vous les Champs-Elysées, et personne assurément ne peut s'attendre à y être mieux reçu ; ainsi les consolations que vous m'y faites espérer doivent vous flatter plus que moi. Vous trouverez d'abord Homère et Virgile qui viendront vous en faire les honneurs et vous dire avec un souris malicieux que la joie qu'ils ont de vous voir est intéressée, puisque, par quelques années d'une plus longue vie, leur gloire aurait été entièrement effacée. L'envie et les autres passions se conservent en ces pays-là ; du moins, il me semble que Didon s'enfuit dès qu'elle aperçoit Enée ; quoi qu'il en soit, n'y allons que le plus tard que nous pourrons.

« Si vous m'en croyez, vous ne vous abandonnerez pas à Vinache, quoique ses discours séduisants, l'art de réunir l'influence des sept planètes avec les minéraux et les sept parties nobles du corps, et le besoin de trois ou quatre Javottes, donnent de l'admiration.

« Venez ici manger de bons potages à des heures réglées, ne faites que quatre repas par jour, couchez-vous de bonne heure, ne voyez ni papier, ni encre, ni biribi, ni lansquenet, je vous permets le trictrac : deux mois d'un pareil régime valent mieux que Vinache.

« Je vous rends mille grâces de vos nouvelles ; le marquis (1) a vu avec douleur le théâtre fermé, et sur cela il

_____

(1) Le fils du maréchal.

prend la résolution d'aller à son régiment ; ma chaise de poste, qui le mènera à Paris samedi, vous ramènera ici dimanche.

« Nous avons ouvert un théâtre ; la marquise l'a entrepris avec une ardeur digne de ses père et mère (1) ; elle s'est chargée de mettre du rouge à deux soldats du régiment du roi qui faisaient *Pauline* et *Stratonice*, et bien qu'ils en fussent plus couverts qu'un train de carrosse neuf, elle ne leur en trouvait pas assez. Mlle Ludière, qui est la modestie même, a été assez embarrassée à mettre des paniers sur les hanches nues des deux grenadiers, parce que... (Ici je saute une gaillardise.)

« Nos nouvelles ne sont pas si intéressantes que les vôtres : une pauvre servante s'est prise de passion pour un jardinier. Sa mère, plus dragonne que Mme Dumay, et qui s'est mariée en secondes noces à Maincy, s'est opposée au mariage. Mme la maréchale s'en est mêlée ; mais elle a mieux aimé gronder la mère que faciliter les noces par payer la dot, ce qui n'est pas de sa magnificence ordinaire.

« Benoît a eu la tête cassée par le cocher du marquis en se disputant la conduite d'un panier de bouteilles de cidre ; Baget a raisonné scientifiquement sur la blessure. Le curé de Maincy est interdit parce qu'il ne parle pas bien de la Trinité.

« Voilà, mon grand poëte, tout ce que je puis vous dire en mauvaise prose pour vous remercier de vos vers. Je vous charge de mille compliments pour M. le duc et Mme la duchesse de Sully, auxquels je souhaite une bonne santé et qui leur permette de venir faire un tour ici. Il y a présentement bonne et nombreuse compagnie, puisque nous sommes vingt-deux à table ; mais une grande partie s'en va demain.

« VILLARS. »

___

(1) La marquise de Villars était née Noailles ; mais par *ses père et mère,* le maréchal entend ici lui-même et la maréchale.

Il ressort assez clairement qu'on n'engendrait pas d'ennui au château de Villars ; le régime y était un peu celui de l'abbaye de Thélème.

Il y a une autre circonstance, plus importante, où l'on retrouve le témoignage du maréchal sur Voltaire ; c'est à l'occasion de sa fâcheuse affaire avec le chevalier de Rohan. Villars en a consigné le récit dans son Journal, et comme cette version est la plus circonstanciée et la plus exacte qu'on ait de l'aventure, je la mets ici, d'autant plus que je ne vois pas qu'aucun biographe soit allé la chercher dans Villars :

« Dans le même temps (avril 1726), Voltaire fut mis à la Bastille, séjour qui ne lui était pas inconnu. C'était un jeune homme qui, dès l'âge de dix-huit ans, se trouva le plus grand poëte de son temps, distingué par son poëme de Henri IV, qu'il avait composé dans ses premiers voyages à la Bastille, et par plusieurs pièces de théâtre fort applaudies. Comme ce grand feu d'esprit n'est pas toujours, dans la jeunesse, accompagné de prudence, celui-ci était un grand poëte et fort étourdi.

« Il s'était pris de querelle chez la Lecouvreur, très-bonne comédienne, avec le chevalier de Rohan. Sur des propos très-offensants, celui-ci lui montra sa canne. Voltaire voulut mettre l'épée à la main. Le chevalier était fort incommodé d'une chute qui ne lui permettait pas d'être spadassin. Il prit le parti de faire donner, en plein jour, des coups de bâton à Voltaire, lequel, au lieu de prendre la voie de la justice, estima la vengeance plus noble par les armes. On prétend qu'il la chercha avec soin, trop indiscrètement. Le cardinal de Rohan demanda à M. le Duc de le faire mettre à la Bastille. L'ordre en fut donné, exécuté, et le malheureux poëte, après avoir été battu, fut encore emprisonné. Le public, disposé à tout blâmer, trouva, pour cette fois avec raison, que

tout le monde avait tort : Voltaire, d'avoir offensé le chevalier de Rohan ; celui-ci, d'avoir osé commettre un crime
digne de mort, en faisant battre un citoyen ; le Gouvernement, de n'avoir pas puni la notoriété d'une mauvaise action,
et d'avoir fait mettre le battu à la Bastille pour tranquilliser
le batteur. »

Quant à Voltaire, il a toujours convenablement
parlé de Villars. Il l'a montré sous son beau jour
dans *le Siècle de Louis XIV*. Chacun sait les vers de
la Henriade qu'il a mis dans la bouche de saint
Louis sur le vainqueur de Denain. Il est vrai qu'il en
a donné une légère parodie dans cet autre poëme
qu'on ne nomme pas, en disant :

L'heureux Villars, fanfaron plein de cœur...

Nous avons fini. Villars, âgé de plus de quatre-
vingts ans, fut chargé d'aller commander en Italie
contre l'empereur les armées combinées de France,
d'Espagne et de Sardaigne ; les reines de ces trois
pays lui donnèrent chacune une cocarde qu'il mit
chevaleresquement à son chapeau. Cela ne l'empêcha
pas de demander en partant d'autres grâces :

« On me presse de partir, écrit-il à la dernière page de
son Journal (octobre 1733) et j'ai donné au garde des sceaux
un Mémoire, par lequel je demande, avant que de partir, des
grâces distinguées qu'il est aisé de deviner : et le 19,
M. d'Angervilliers, ministre de la guerre, m'a été envoyé par
le roi, pour me dire que, ne pouvant faire de Connétable, il
me donne la charge de *maréchal général de France*, qui me
donne le commandement sur tous les maréchaux de France,

quand il y en aurait de plus anciens que moi, avec plusieurs
autres prérogatives et dix mille écus d'appointements. Je me
suis rendu, d'autant plus que le commandement qu'on m'offre est si important, que je ne crois pas pouvoir refuser à
mon roi et au roi d'Espagne, tant qu'il me reste une goutte
de sang dans les veines, les services qu'ils me demandent. »

Il s'empara d'abord et sans difficulté du Milanais.
Le 24 février (1734) il ouvrait le bal avec la reine
de Sardaigne à Turin. Puis il repartit pour le Milanais et commença une nouvelle campagne. Mais un
désaccord s'étant prononcé entre le roi de Sardaigne
et lui, et la fatigue de l'âge se faisant sentir, il dut
retourner à Turin, où la maladie le prit et où il
mourut le 17 juin. Le prêtre qui l'exhortait au moment de la mort lui disait que Dieu, en lui laissant
le temps de se reconnaître, lui faisait plus de grâce
qu'au maréchal de Berwick, qui venait d'être emporté devant Philipsbourg d'un coup de canon :
« Il a été tué ! j'avais toujours bien dit, s'écria Villars mourant, que cet homme-là était plus heureux
que moi. » — Berwick étant mort seulement le 12,
et si loin de là, Villars a eu tout juste le temps d'apprendre la nouvelle et de dire ce mot. Mais le mot
est si bien dans sa nature, que, s'il ne l'a pas dit, il
a dû le dire.

Un dernier bonheur de Villars, c'est d'avoir in-
spiré une des dernières bonnes oraisons funèbres :
celle que prononça l'abbé Seguy, à Saint-Sulpice,
sans échapper aux inconvénients du genre, est re-

marquable du moins par un bel exorde, d'un nombre et d'une pompe bien appropriés au héros. L'é-
clat du catafalque ne lui a pas manqué ; un écho de
l'éloquence du grand siècle l'a accompagné jusque
dans la tombe.

Bien que Villars semblât suffisamment connu, j'ai
pensé qu'il y avait lieu de se servir, en sa faveur,
des pièces positives et authentiques imprimées depuis quelques années, pour rétablir et maintenir les
grandes lignes de son mérite réel, dans lequel lais-
saient comme une brèche ouverte les jugements de
Saint-Simon et de Fénelon (1).

SAINTE-BEUVE.

---

(1) Je ne voudrais pas omettre d'indiquer une précise et fort
bonne étude sur Villars homme de guerre, qu'on peut lire au
tome second des *Portraits militaires* de M. le capitaine de La
Barre Du Parc.

Paris. — Typographie PANCKOUCKE, quai Voltaire, 13.

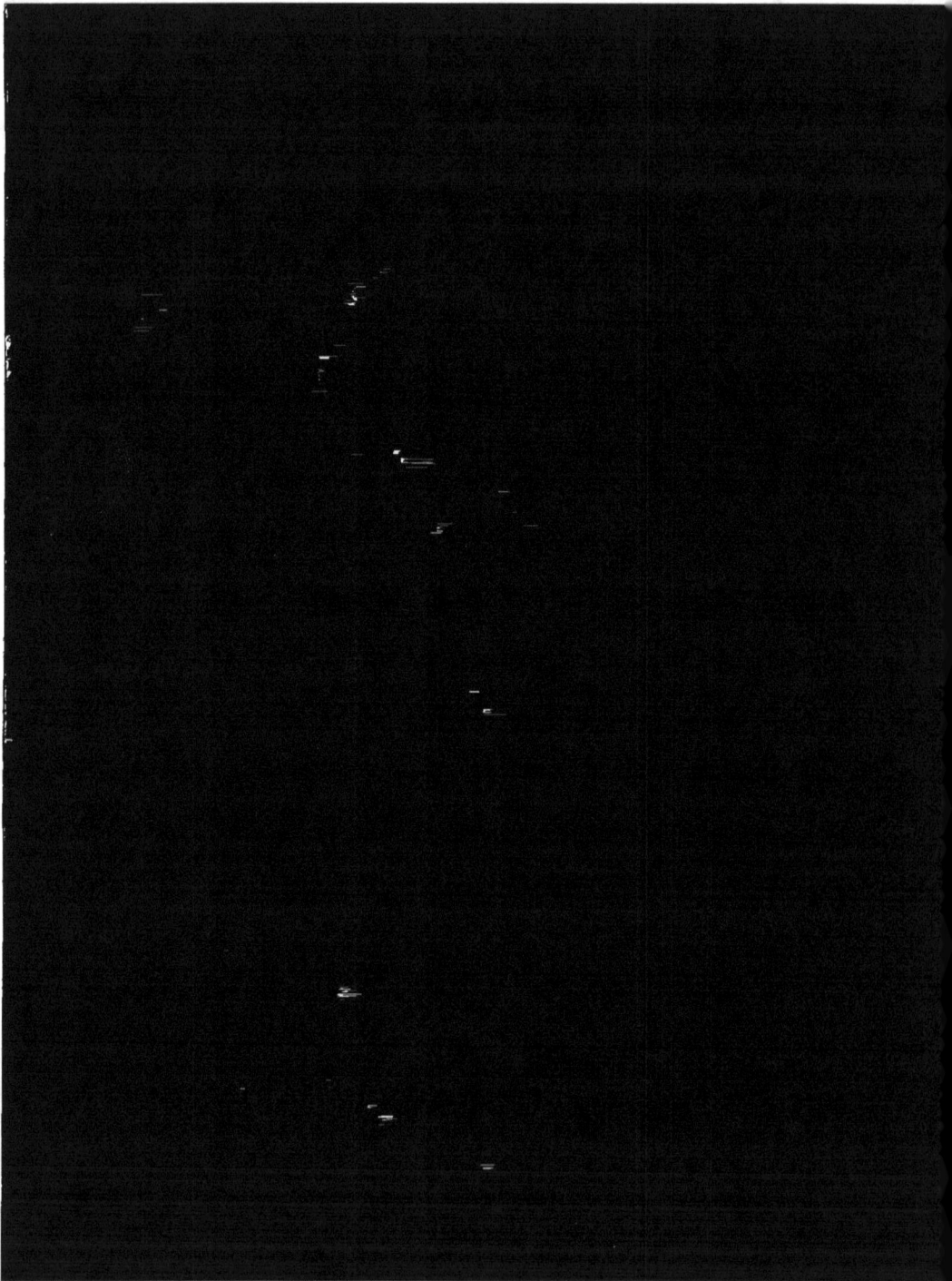

www.ingramcontent.com/pod-product-compliance
Lightning Source LLC
Chambersburg PA
CBHW052034270326
41931CB00012B/2491